Jörg Müller

Hätten Sie 's gewusst?

Dr. Jörg Müller, Jahrgang '43, ist Priester und Psychotherapeut mit Wohnsitz und eigener Praxis in Freising bei München. Er hat bereits viele Erfolgstitel, besonders zur christlichen Lebenshilfe verfasst. Im Steinkopf Verlag sind bisher u.a. erschienen:

Don Camillo spricht mit Jesus - Dialogische Katechesen

Gott heilt auch dich -
Seelische und körperliche Heilung durch lebendigen Glauben

Höre, was ich nicht sage -
Die Aufdeckung unserer verschlüsselten Verhaltensweisen

Ich habe dich gerufen - Meine Erfahrungen mit Gott

Lebensängste und Begegnung mit Gott

Nein sagen können -
Verständnis und Missverständniss christlicher Demut

Und heilt alle deine Gebrechen -
Psychotherapie in christlicher Sicht

Verrückt, ein Christ hat Humor - 16 Kapitel gegen Mutlosigkeit

Zur Unterscheidung der Geister - Wege zu geistlichem Leben

Jörg Müller

HÄTTEN SIE 'S GEWUSST ?

100 Antworten auf Glaubensfragen

für eilige Zeitgenossen

J. F. Steinkopf Verlag

Jörg Müller im Internet:

http://www.pallottiner-freising.de

Die Deutsche Bibliothek – CIP-Einheitsaufnahme
Ein Titeldatensatz für diese Publikation ist bei
Der Deutschen Bibliothek erhältlich

ISBN 3-7984-0753-3

1. Auflage 2000

2. Auflage 2001

Umschlaggestaltung: Florian Huber, Thalhausen
Druck: Clausen & Bosse, Leck
© J. F. Steinkopf Verlag GmbH,
Kiel 2000/2001
Alle Rechte vorbehalten

INHALT

THEMA BIBEL
1. Was ist die Bibel und wer hat sie geschrieben? 2. Die Bibel - ein Guinnessbuch der Rekorde? 3. Sind die Geschichten wirklich passiert? 4. Ist die Bibel widersprüchlich? 5. Wer sagt mir, wie die Bibel zu verstehen ist? 6. Weshalb sind die Übersetzungen so unterschiedlich? 7. Was sind apokryphe Bücher? 8. Was wurde in Qumran gefunden? 9. Was sind Septuaginta, Vulgata und Pentateuch? 10. Haben andere Religionen auch eine Bibel?

THEMA OFFENBARUNGEN
11. Was sind Offenbarungen? 12. Gibt es heute noch Offenbarungen? 13. Woran erkenne ich falsche Propheten? 14. Was sind die Malachias-Weissagungen? 15. Wer war Jakob Lorber? 16. Was hat es mit Marienerscheinungen auf sich? 17. Fatima ist anerkannt - warum nicht Medjugorje? 18. Wer ist Vassula Ryden und was lehrt sie? 19. Was sagt Jesus über den Weltuntergang? 20. Wer ist der Antichrist?

THEMA CHRISTLICHER GLAUBE
21. Worin besteht die eigentliche Lehre der Christen? 22. Auferstehung oder Reinkarnation? 23. Gibt es ein Fegefeuer - und was ist das? 24. Lässt sich Gott im Alltag heute noch erfahren? 25. Wie kam es zu den Kreuzzügen? 26. Muss ein Christ immer die linke Wange hinhalten? 27. Führt Gott in Versuchung? 28. Kann Maria Vermittlerin sein? 29. Was bedeutet Rechtfertigung? 30. Der Ablass - Geschenk oder Geschäft?

THEMA SAKRAMENTE
31. Was sind Sakramente und wie viele gibt es? 32. Wo werden die Sakramente in der Bibel genannt? 33. Haben die Protestanten auch Sakramente? 34. Kinder- oder Erwachsenentaufe? 35. Was unterscheidet Konfirmation und Firmung? 36. Weshalb soll ich beichten? 37. Sollen auch Kinder beichten? 38. Krankensalbung oder „letzte Ölung"? 39. Welche Bedeutung hat der Gottesdienst? 40. Hand- oder Mundkommunion?

THEMA GEBET UND FRÖMMIGKEIT
41. Wie geht Beten? 42. Will Gott fromme Versprechen und Opfer? 43. Warum sind Wallfahrten so beliebt? 44. Beten die Katholiken Maria an? 45. Welche Bedeutung hat der Rosenkranz? 46. Spricht die Bibel vom Gebet für Verstorbene? 47. Ist das Anrufen von Heiligen Spiritismus? 48. Gibt es auch protestantische oder islamische Heilige? 49. Muss ich jeden Sonntag zur Kirche? 50. Weihwasser, Medaillen, Reliquien - wozu?

THEMA PAPSTTUM
51. Hat Jesus einen Papst gewollt? 52. Gab es eine Päpstin Johanna? 53. Weshalb gab es Gegenpäpste? 54. Wie ist der Vatikanstaat aufgebaut? 55. Kann ein Papst unfehlbar sein? 56. Was wollte Martin Luther? 57. Wie war das mit der Inquisition?

THEMA ORDEN
58. Was versteht man unter einem Orden? 59. Wie wird man Mitglied eines Ordens? 60. Welche bekannten Orden gibt es und was machen sie? 61. Gehören Malteser, Johanniter & Deutschorden dazu? 62. Gibt es auch evangelische Ordensgemeinschaften? 63. Wie arm oder reich ist das Mitglied eines Ordens? 64. Ist der Zölibat von Jesus gewollt?

THEMA SEKTEN
65. Was sind Sekten? 66. Welche Sekten sind gefährlich und warum? 67. Wie soll man Sektierern begegnen? 68. Wie steht es mit den Freimaurern? 69. Was bedeutet Fundamentalismus? 70. Dürfen Christen Kinder zur Waldorfschule schicken? 71. Warum ist Reiki abzulehnen? 72. Was sind Geistheiler? 73. Wer war Bruno Gröning?

THEMA OKKULTISMUS
74. Was versteht man unter Okkultismus? 75. Was hat es mit dem 6. und 7. Buch Mose auf sich? 76. Gibt es Geister? 77. Ist Gläserrücken gefährlich? 78. Was sagt die Bibel zu solch okkulten Praktiken? 79. Steht das Schicksal in den Sternen? 80. Ist weiße Magie okay? 81. Wie problematisch ist der Gebrauch eines Pendels? 82. Dürfen Christen homöopathische Arznei nehmen? 83. Ist Hypnose seriös?

WAS SONST NOCH BRENNT
84. War Jesus verheiratet und liegt in Kashmir begraben? 85. Die Weihnachtserzählung - nur Legende? 86. Alleinseligmachendes Christentum? 87. Was ist Esoterik? 88. Was ist die Charismatische Erneuerung? 89. Ist das Sühneleiden von Gott gewollt? 90. Sind Stigmata Ausdruck besonderer Heiligkeit? 91. Ist schon jemand aus dem Jenseits gekommen? 92. Warum wird das Christentum so oft angegriffen? 93. Kann christlicher Glaube krank machen? 94. Austritt wegen der Kirchensteuer? 95. Ist das Turiner Grabtuch echt? 96. Was ist der Toronto-Segen? 97. Ist Emanzipation unbiblisch? 98. Machen die Kirchen ein schlechtes Gewissen? 99. Ist die Hölle ewig? 100. Haben Sie weitere Fragen?

NAMENS- UND SACHREGISTER

THEMA BIBEL

Was ist die Bibel und wer hat sie geschrieben?

Biblos (Griechisch) bedeutet Papyrusstaude. Aus diesem Material wurden in Ägypten die ersten Bücher hergestellt. Später war es die Bezeichnung für Buch oder Papyrusrolle. Schließlich verstand man darunter die Sammlung aller heiligen Schriften, die das Alte und Neue Testament ausmachen; das sind immerhin 39 Schriften des Alten Testaments und 27 Schriften des Neuen Testaments; dazu kommen noch 11 Spätschriften des Alten Testaments, die nur in der griechischen Übersetzung, nicht aber in ihrer hebräischen Originalsprache existieren. Sie entstanden im 2. und 1. Jahrhundert vor Christus und wurden von Martin Luther aufgrund ihres umstrittenen Ursprungs aus der alttestamentlichen Sammlung herausgenommen. Man nennt sie apokryphe (verborgene, heimliche) Schriften. Die gängige Einheitsübersetzung umfasst alle 77 Schriften, einschließlich der apokryphen Bücher.

Die Bücher Daniel und Esra sind teilweise in Aramäisch, alle anderen Bücher des AT in Hebräisch geschrieben; sämtliche Schriften des NT wurden in Griechisch verfasst, weil Alexander der Große die Sprache des griechischen Volkes zur Umgangssprache im Mittelmeerraum bestimmt hatte. Die Originale sind allesamt verloren gegangen; einige Schriftrollen (Abschriften von Abschriften) wurden in einer Höhle bei Qumran 1947 und 1992 gefunden, davon stammt die älteste aus dem 7. Jahrhundert vor Chr. (Teile des 4. Buches Mose).

Die Verfasser der alttestamentlichen Schriften sind nicht alle bekannt. Moses hat z.B. kein Buch geschrieben, obwohl man von den „Fünf Büchern Mose" spricht. Auch sind nicht alle Urheber der neutestamentlichen Schriften gesichert. Die bekanntesten Verfasser sind die vier Evangelisten und Paulus. Wer die Autoren der Petrus- oder Johannesbriefe, des Jakobus- und des Judasbriefes sowie der Apokalypse sind? Nichts Genaues weiß man nicht.

Die Bibel ist das anerkannte Buch der Christenheit; sie erzählt die Geschichte Gottes mit den Menschen, nicht in historischer oder naturwissenschaftlicher Genauigkeit, sondern in Bildern und Glaubenszeugnissen. Sie sagt aus, dass Gott am Anfang steht und zum Wohl des Menschen handelt.

THEMA BIBEL

Die Bibel - ein Guinnessbuch der Rekorde?

Ja. Die Bibel ist das älteste Buch unserer westlichen Buchdruckerkunst, zugleich das meistgekaufte. In 1.928 Sprachen liegt sie vor und ist damit auch das Werk mit den meisten Übersetzungen. Aber es fehlen noch viele Sprachen, wenn man davon ausgeht, dass es über 4.000 Fremdsprachen und Dialekte gibt.

Die Bibel selber berichtet uns von Rekorden der unterschiedlichsten und seltsamsten Art. So hatte Abschalom, ein Sohn von König David, das längste Haar. Die abgeschnittenen Haare wogen jedesmal mehr als zwei Kilo (2. Samuel 14,26).

Das größte Königreich erstreckte sich über 127 Provinzen, von Indien bis Äthiopien. Xerxes regierte dieses Perserreich (Esther 1,1). Der König mit der kürzesten Regierungszeit war Simri; nach sieben Tagen wählte das Volk ihren Heerführer Omri zum König, weil Simri durch einen Komplott an die Macht gekommen war. Aus Angst vor Omri schloss er sich im Palast ein, den er anzünden ließ, und kam in den Flammen um (1. Könige 16,15ff). Die meisten Kinder hatte Abdon, der acht Jahre lang in Israel Richter war. Er hatte 40 Kinder und 30 Enkel. Damals war die Polygamie für den gehobenen Stand ganz normal, sicher aber auch sehr anstrengend (Richter 12,13f).

Wenn man den Schilderungen glauben darf, dann war Simson der stärkste Mann der damaligen Zeit; denn er zerriss nicht nur einen Löwen, sondern er tötete auch noch 1.000 feindliche Soldaten - und das mit Hilfe des Kieferknochens eines Esels. Nicht genug damit, hob er das Stadttor von Gaza aus seinen Angeln und trug es auf einen Berg bei Hebron (Richter 15f).

Der reichste und zugleich weiseste Mann war Salomo; er erhielt jährlich über 600 Zentner Gold, besaß 1.400 Streitwagen und 12.000 Wagenkämpfer. Er verfasste 3.000 Weisheitssprüche und über 1.000 Lieder. Beneidenswert, wie viel Zeit der Mann hatte (1. Könige 5,9ff und 10,14ff).

Hiob, der arme Schlucker, hatte nach seiner Krise eine lange Zeit des Wohlstands. Er hatte auch die schönsten Töchter: Jemina, was soviel wie Täubchen heißt, Kezia, was Zimtblüte bedeutet, und Keren-Happuch, das Schminktöpfchen (Hiob 42,14f). Auch das Neue Testament kann mit einem Rekord aufwarten: Der längste Tag wird einmal ewig dauern; es gibt keine Nacht mehr. Na endlich (Offb 21,25).

THEMA BIBEL

Sind die Geschichten wirklich passiert?

Ja und nein. Die Bibel ist kein protokollarisches Verzeichnis historischer Fakten, sondern eine Sammlung von sehr unterschiedlichen Geschehnissen in verschiedenen Zeiten, verfasst von verschiedenen Autoren. Sie alle wollen die Größe und Macht des einen Gottes schildern, den sie erfahren haben. Die Bibel gibt Glaubenszeugnisse wieder. So deuten die Israeliten das Wirken Jahwes als rettend oder strafend; sie haben ihn stets als machtvolle Wirklichkeit erfahren. Es ist nicht Anliegen des Verfassers, nachzuweisen, dass Mose um diese oder jene Zeit an diesem oder jenem Ort genau das und nichts anderes getan hat; sondern dass sich im Handeln des Mose die Größe und Macht Gottes erweist. Das heißt nun nicht, dass all diese Ereignisse Produkte dichterischer Freiheit sind. Vielmehr liegen den meisten Berichten durchaus historische Geschehnisse zugrunde. Neuerliche Ausgrabungen und Forschungen der Archäologen, Sprachforscher und Historiker bestätigen biblische Aussagen.

Wenn Lukas die Auferstehung und Himmelfahrt Jesu so genau und übereinstimmend erzählt, hat er sich dabei etwas gedacht, was man von heutigen Journalisten nicht unbedingt sagen kann. Lukas beschreibt zwei Vorgänge als eine Wirklichkeit, die nicht mit den Begriffen der Wissenschaft, sondern mit denen des Glaubens zu fassen ist. Ich darf beide als Fakten betrachten. Wer sie nur symbolisch oder psychodynamisch sieht, reduziert ein unbeschreibliches Ereignis auf die rationale Ebene. Das Grab ist leer. Das bezeugen alle. Danach sehen über 500 Menschen den Auferstandenen. Und sie erinnern sich, dass Jesus seine Auferstehung angekündigt hatte. Also ist es offenbar, dass er von den Toten auferstand. Dies ist der zentrale Glaube aller Christen. Wie anders sollte man die Auferstehung erklären?

Ob er über das Wasser ging und Kranke heilte? Warum nicht? Welchen Grund mag es geben, das zu bezweifeln? Jeder hat schon einmal Dinge erlebt, die er mit Worten nur ungenau beschreiben kann. Nicht jeder glaubt ihm. Er aber weiß genau, dass es so war und nicht anders. Dafür würde er seine Hand ins Feuer legen. Genau das haben die Apostel und alle Überzeugten nach ihnen getan.

THEMA BIBEL
Ist die Bibel widersprüchlich?

Die Apostel fragen Jesus, ob Johannes der Täufer der wiedergeborene Prophet Elija sei. Jesus sagt: Ja. Dann fragen sie Johannes selber. Er sagt: Nein. Wer hat hier gelogen? Keiner. Denn Jesus sieht in Johannes die geistige Wiedergeburt Elijas, d.h. dessen Auftrag, die Menschen zur Umkehr aufzurufen, wiederholt sich in Johannes. Deshalb ist er auch wie Elija gekleidet. Johannes hingegen verneinte die physische Wiedergeburt, also die Reinkarnation (Joh 1,21).

Jesus sagt, man müsse einen, der das Gespräch verweigert, exkommunizieren und ihn wie einen Heiden behandeln (Mt 18,15ff). Bei Lukas hingegen sagt er, man müsse einem solchen Menschen ständig vergeben (Lk 17,3f). Was ist hier los? Ist Jesus doppelzüngig? Nein, das Problem liegt bei den Autoren. Matthäus zitiert gewiss nicht die Worte Jesu; er und die judenchristlichen Gemeinden haben das nachträglich so verstanden und mit dieser Aussage unter den Christen viel Ärger gemacht. Nicht alles, was man in den Mund Jesu legt, hat er auch so gesagt. Die Evangelisten sind nicht unfehlbar, auch wenn der Hl. Geist sie geführt haben mag. Da blitzt immer noch der Mensch mit seinen Empfindungen, Deutungen und Gedächtnislücken durch.

Als Maria ihrem Sohn bei der Hochzeit zu Kana zu verstehen gibt, dass es keinen Wein mehr gibt, fährt er sie ziemlich schroff an: „Was habe ich mit dir zu schaffen?" Oder auch: „Was ist zwischen dir und mir? Meine Stunde ist noch nicht gekommen" (Joh 2,4). Solche Sätze irritieren und zeichnen keinen wohlerzogenen Jesus. Bei genauerem Betrachten des Originaltextes müssen wir erkennen, dass Jesus hier eine Redewendung gebraucht, die heute noch im Syrischen zu Hause ist. (Das Aramäische gleicht sehr dem Syrischen.) Er sagt: „Was trennt uns beide? Ist nicht meine Stunde schon gekommen?" Dies hört sich viel freundlicher an. Tatsächlich meint der auch bei 1. Könige 17,18 und Genesis 23,15 vorkommende Satz etwas Entgegenkommendes, nämlich: Wir verstehen uns, sind einer Meinung. Wir merken also, dass viele Probleme durch Übersetzungsfehler entstehen. Auch ist zu bedenken, dass die Verfasser ihre jeweils eigenen Absichten und Adressaten hatten und manchmal tendenziös schrieben. Das kann den Glauben nicht anfechten, solange er im Herzen lebt und nicht allein im Kopf.

THEMA BIBEL

Wer sagt mir, wie die Bibel zu verstehen ist?

Das sagen uns zunächst einmal die Fachleute, die sich mit den Originaltexten bzw. mit den Abschriften der Abschriften befassen; unter ihnen sind Sprachgelehrte, Archäologen, Exegeten (Schriftausleger), Theologen, Historiker und Vertreter weiterer Wissenschaften. Vieles muss aus der Zeit heraus verstanden werden; dann muss unterschieden werden zwischen den Worten, die Jesus tatsächlich selbst so gesprochen hat, und denen, die ihm nachträglich in den Mund gelegt wurden. Das hat mit Fälschung nichts zu tun, eher mit der Entwicklung der ersten Gemeinden und deren Glaubensverständnis.

Da auch die christlichen Sekten ihre eigene Bibelauslegung haben, kann es zu erheblichen Problemen kommen, wenn es um die praktische Umsetzung geht. Die Zeugen Jehovas beispielsweise nehmen vieles wörtlich. So verweigern sie die Bluttransfusion aufgrund des jüdischen Verbots, Blut und bluthaltige Speisen zu genießen. Petrus erhält in einem Traum die Weisung, dass es keine verbotenen Speisen vor Gott gibt (Apg 10,15). Esoteriker wollen die Reinkarnation biblisch begründet wissen und nehmen als „Beweis" unter anderem die Zusage Jesu, die er dem mit ihm gekreuzigten Verbrecher macht (Lk 23,43): „Ich sage dir noch heute, du wirst im Paradies sein!" Sie haben das Komma versetzt. Es muss heißen: „Ich sage dir, noch heute wirst du im Paradies sein." (Dieses „Heute" lässt keiner Reinkarnation mehr Raum.)

Auch die Fachleute sind sich bei manchen Texten nicht einig. Die Forschung geht weiter, neue Erkenntnisse folgen. Wenn Sie die Bibel lesen, sollten Sie sich nicht bei der Frage aufhalten, ob das alles damals so war, wie es da steht, sondern die Frage bedenken: Was will Gott mir durch diesen Text sagen? Dann werden Sie vielleicht feststellen, dass er durch denselben Text zu jedem anders spricht. Genau das machen viele Christen, die sich regelmäßig zur Bibelstunde treffen und evtl. keinen Fachmann dabeihaben, der ihnen die Schrift auslegt. So wird sich der eine in der Spontaneität des Petrus wiederfinden, ein anderer im Zweifel des Thomas, wieder ein anderer fühlt sich durch einen Satz angesprochen. Ob das damals so war? Wer weiß? Es muss in meinem Leben Konsequenzen haben; dann erst ist die Bibel das, was sie sein will: ein Glaubensbuch für den Alltag.

THEMA BIBEL

Weshalb sind die Übersetzungen so unterschiedlich?

Weil die hebräische Sprache ohne Vokale geschrieben wird und daher eine unterschiedliche Lese-, aber auch Verstehensweise möglich ist. Ohne Vorwissen ist eine treffende Übersetzung nicht möglich. Jahwe schreibt sich JHWH, kann also auch JeHoWaH gelesen werden. (Denken wir an das Kürzel „Hrsg."; jeder weiß, dass es Herausgeber heißt und nicht etwa Hirnrissig oder Hirsegabe.) Dann haben viele Worte nicht nur eine einzige Bedeutung. So kann Ruach mit Geist, Sturm, Wind, Atem übersetzt werden.

Auch im griechischen Sprachgebrauch haben manche Worte mehrere Bedeutungen. Sie kennen ja den berühmten Prolog des Johannes: „Im Anfang war das Wort, und das Wort war bei Gott und Gott war das Wort." Hier wurde Logos mit Wort übersetzt. Es hat aber noch andere Bedeutungen: Rede, Gespräch, Ausdruck, Verheißung, Kunde, Sache, Vernunft. Welcher Begriff ist der richtige? Das lässt sich nur aus dem Zusammenhang finden und auch im Vergleich zu anderen Textstellen, in denen der Begriff Logos vorkommt. In diesem Beispiel sind sich alle Übersetzer einig: Es muss Wort heißen.

Nicht wenige Theologen meinen, Jesus habe Geschwister gehabt. Sie berufen sich dabei auf Matthäus 12,46 oder 13,55, wo seine Brüder genannt werden. Das griechische Wort adelphoi umfasst in orientalischer Selbstverständlichkeit aber auch Verwandte zweiten Grades, also Vetter und Cousinen. Dass es sich folglich wohl nicht um Geschwister handelt, legt der Begriff des „ein(zig)geborenen Sohnes" nahe und auch die Tatsache, dass Jesus am Kreuz - nach johanneischer Darstellung - seine Mutter in die Obhut des Jüngers Johannes gibt. Dies wäre bei Vorhandensein von Geschwistern nicht nötig gewesen. So wird wieder einmal mehr deutlich, dass man Begriffe nicht einfach aus dem Lexikon übernehmen sollte, sondern aus dem Verständnis und Gebrauch der damaligen Zeit. Das kann aber auch schwierig werden, wenn man den Text an die heutige Sprache anpassen will. So heißt es bei Hebr 12,6: „Wen Gott liebt, den züchtigt er." Ebenso gut könnte man übersetzen: „den belehrt er" oder „den erzieht er".

THEMA BIBEL

Was sind apokryphe Bücher?

Das griech. Wort apokryphos bedeutet geheim, verborgen. So bezeichnete man die Schriften, die nicht in die Bibel aufgenommen wurden, aber ihr dennoch in Aussage und Alter gleichwertig sind. Geschrieben wurden sie zwischen 300 und 100 vor Christus. Zuerst waren sie Eigentum der gnostischen Sekten, die sie geheim hielten. Die Apokryphen wollen biblische Inhalte volkstümlich gestalten; sie weisen auf vieles hin, was nicht in der „offiziellen" Bibel steht. Im Unterschied zu diesen apokryphen Schriften nennt man die in die Bibel aufgenommen Bücher „kanonische" Schriften. Kanon heißt: Richtschnur, Maß. Sie werden als von Gott inspiriert betrachtet. Um 200 vor Chr. wurde diese Kanonisierung bei den Juden vorgenommen, bei den Katholiken endgültig 1545 auf dem Konzil von Trient. In den heutigen katholischen Bibelausgaben, auch in der gängigen Einheitsübersetzung, sind diese Bücher enthalten, während sie in der Luther-Ausgabe fehlen. Bei den apokryphen ebenso wie bei den sonstigen spätjüdischen Schriften werden solche, deren Verfasser ein alttestamentliches Pseudonym benutzten, als Pseudepigraphen bezeichnet.

Es handelt sich um folgende Schriften: Judit (eine Erzählung im Romanstil, die sich zur Zeit Nebukadnezars abspielt), Weisheit Salomos (eine Sammlung weiser Lehren, nicht von Salomo verfasst), Tobit (eine lehrhaft ermahnende Novelle über die Frömmigkeit), Jesus Sirach (eine Sammlung von praktischen Verhaltensregeln und Sittenlehren), Baruch (Gebete und Hymnen, von mehreren Verfassern geschrieben), Erstes und Zweites Buch der Makkabäer (Verherrlichung von Taten jener Juden, die mit Gottes Hilfe gegen die Heiden kämpften), Gebet Manasses (Demütigung vor Gott und Gebetserhörung, ohne jedoch das Gebet selber zu nennen); schließlich noch Teile des Buches Daniel sowie der „Gesang der drei Männer im Feuerofen".

Die apokryphen neutestamentlichen Schriften, die Sie nicht in der Bibel finden, sind u.a. das Thomas- und das Petrusevangelium, Evangelien von Nikodemus Jakobus und Bartholomäus, die Offenbarung des Petrus, die Kindheitserzählung des Thomas, Briefwechsel zwischen Paulus und Seneca sowie eine apokryphe Apostelgeschichte.

THEMA BIBEL

Was wurde in Qumran gefunden?

In den trockenen Kalkhöhlen einer klosterähnlichen Wüstensiedlung am Toten Meer versteckten die Essener, eine religiöse Männergemeinschaft (200 vor bis 70 nach Chr.), ihre biblischen Schriftrollen, um sie vor den Römern zu retten. Sie hatten fleißig alttestamentliche Schriften abgeschrieben und in große Tonkrüge gesteckt. Dort fand ein Beduinenjunge 1947 die ersten Rollen; 1992 wurden weitere entdeckt. In elf Höhlen wurde man fündig; diese Höhlen werden mit 1Q bis 11Q bezeichnet, um sie von den Funden an anderen Orten (z.B. Wadi Murabba'at oder Chirbet Mird) zu unterscheiden. So hat jede Rolle eine eigene Bezeichnung: 4Q Ps 37 heißt Rolle zum Psalm 37 aus der Höhle 4.

Inzwischen sind - entgegen anderslautenden Informationen - sämtliche Funde veröffentlicht und zugänglich. Unter anderem fand man auch ein kleines Fragment des Markusevangeliums. Es liegen Teile von Genesis vor, Habakuk, Deuteronomium; man fand Segenssprüche, Gemeinschaftsregeln der Essener, Worte des Mose, Hymnen, eine komplette Abschrift des Propheten Jesaja, ein Handbuch der Unterweisung, eine aramäische Übersetzung des Buches Hiob, eine Abschrift des Buches Levitikus in althebräischer Schrift und eine 8 m-Rolle, die sogenannte Tempelrolle. Diese Rolle aus Höhle 11 hatte ein Antiquitätenhändler in einer Schuhschachtel versteckt, bis sie der israelische Geheimdienst entdeckte.

Kritiker sahen bereits die gesamte christliche Lehre wanken; man sprach von bewusster Geheimhaltung der Funde, von Manipulationen seitens einiger „Eingeweihter", die allein Zugang zu den Rollen hatten. Die Medien überstürzten sich mit Falschmeldungen, Fehldeutungen und Spekulationen.

Die Funde stellen Dokumente dar, die uns den Glauben frommer Juden vor dem Auftreten Jesu zeigen. Sie lassen erkennen, dass neutestamentliche Ausdrücke und Vorstellungen, die viele für griechisch und spät hielten, vielmehr palästinensisch und früh sind. Das betrifft gerade auch das Johannesevangelium und die ersten Kapitel der Apostelgeschichte. Auch erweist sich der Hergang des Prozesses Jesu als historisch gut begründet. Das Christentum muss nicht umgeschrieben werden. Die Unkenrufe sog. Enthüllungsautoren wie Baigent und Leigh („Verschlusssache Jesus") sind in den Höhlen erstickt.

THEMA BIBEL

Was sind Septuaginta, Vulgata und Pentateuch?

Die älteste griechische Übersetzung des Alten Testaments wurde angeblich von 70 jüdischen Gelehrten in 70 Tagen verfasst. Sie sollten dies im Auftrag von Ptolemäus für die Griechisch sprechenden Juden in Ägypten machen. Septuaginta, in der offiziellen Abkürzung LXX, heißt: Übersetzung der Siebzig.

Als der christliche Glaube sich immer weiter verbreitete, entstand die christliche Bibel, bestehend aus Altem - und Neuem Testament, und wurde in andere Sprachen übersetzt. Der Mönch und Einsiedler Hieronymus schuf in Bethlehem von 385 bis 405 eine lateinische Übersetzung, die auf dem Konzil von Trient 1546 zur alleingültigen Bibelübersetzung der katholischen Kirche erklärt wurde. Hieronymus benutzte die Septuaginta als Vorlage. Später übersetzte er das Alte Testament auch aus dem Hebräischen. Er war zweifellos ein Sprachgenie. (Wie sehnte ich mich damals bei meiner Hebräisch-Prüfung danach, ein solches Genie neben mir zu haben.) Und weil diese Hieronymus-Bibel für die Allgemeinheit bestimmt war, nannte man sie Vulgata (=Allgemeine).

Die bekannteste deutsche Übersetzung stammt von Martin Luther, der sich der Meinung des Hieronymus anschloss und die apokryphen Bücher nicht aufnahm. (Hieronymus hatte diese Schriften nur deshalb aufgenommen, weil Papst Damasus ihn dazu aufforderte.)

Unter Pentateuch (=fünf Bücher) verstehen wir die ersten fünf Bücher des Alten Testaments, die man auch Bücher Mose nennt - obgleich er keines davon geschrieben hat. (Das sog. 6. und 7. Buch Mose sind bösartige Erfindungen aus dem Mittelalter, die magische Sprüche enthalten und nicht das Geringste mit der Bibel zu tun haben.) Die Juden nennen diese fünf Bücher Thora (=Gesetz); sie bewahren sie auf Rollen in ihren Synagogen auf. Die Thora muss fehlerfrei per Hand geschrieben sein; sie ist das Heiligtum aller jüdischen Gebetshäuser.

THEMA BIBEL

10. Haben andere Religionen auch eine Bibel?

Jein. Alle großen Religionen haben zumindest heilige Bücher, Sammlungen von Weisheiten, Geboten, Glaubenserfahrungen. Nach den Christen, die derzeit mit fast 1 Milliarde noch die weltweit größte Religionsgemeinschaft ausmachen, folgen die Moslems mit 850 Millionen Anhängern. Der KORAN ist für sie die verbindliche Schrift ihres Propheten Mohammed (570-632). Er besteht aus 114 Abschnitten, Suren genannt, die nach ihrer Länge sortiert sind. Im Koran hat Gott zu den Menschen gesprochen; es gibt nur einen Gott: Allah. Das Wort Koran bedeutet: das zu Lesende. Er enthält viele Parallelen zur Thora und zur christlichen Bibel.

Die drittgrößte Gemeinschaft von Glaubenden bilden die Hindus, deren Beginn um 400 vor Chr. anzusetzen ist. (Nicht zu verwechseln mit dem Vedismus um 1500-900 und dem Brahmanismus um 900-400 vor Chr.) Die Hindus haben 650 Millionen Anhänger, die meisten in Indien. Sie haben keinen Religionsstifter und keine Ausrichtung auf nur einen Gott. Schiwa gilt als zentrale dreiköpfige Gottheit; darüber hinaus sind die Gottheiten nicht mehr zu zählen. In ihrer BHAGAVADGITA (=Gesang der Erhabenen), deren Entstehungszeit unklar ist, vollzieht sich der Dialog zwischen dem Krieger Arjuna und seinem Gott Krishna. Krishna lehrt ihn das wunschlose Handeln, das den Menschen frei macht.

Die viertgrößte Religionsgemeinschaft bilden die Buddhisten mit 300 Millionen. Ihr Stifter ist der Prinz Siddharta Gautama, später der Erleuchtete (=Buddha) genannt (563-483 vor Chr.). Der Buddhismus kennt keine Götter, da sich Buddha darüber nie geäußert hat. Erst später entstand die Lehre von der Vergöttlichung erleuchteter Menschen (Bodhisattvas). Als eine der wichtigsten Schriften gilt die TRIPITAKA (=Dreikorb), die aus drei Büchersammlungen oder Körben besteht: Korb der Ordensdisziplin mit sittlichen Verhaltensregeln für Mönche und Nonnen, Korb der Lehrreden mit den Vorträgen Buddhas, schließlich Korb der Lehrbegriffe über Moral und Philosophie.

Zahlenmäßig zuletzt folgen die Juden mit 18 Millionen Anhängern. Das verbindliche Buch ist die THORA, bestehend aus dem 1. bis 5. Buch Mose (Pentateuch), entstanden um das 2. Jahrtausend vor Chr. Daneben ist der Talmud der kommentierende Teil. Die Thora kennt 248 Ge- und 365 Verbote.

THEMA OFFENBARUNGEN
Was sind Offenbarungen?

Als der Lehrer meinen Eltern sagte, ich würde sitzenbleiben, war dies keine Offenbarung, sondern eine vorauszusehende Katastrophe. Wenn einer behauptet, Gott oder ein Engel habe sich ihm kundgetan, um ihm einen besonderen Auftrag oder eine Botschaft zu erteilen, dann ist dies eine Offenbarung. Natürlich muss sie geprüft werden. Es gibt ja auch die Möglichkeit einer Täuschung, einer Wunschvorstellung (Illusion) oder einer Wahnbildung (Halluzination). Alle Religionen kennen Offenbarungen durch Gotteserscheinungen, Eingebungen, Erleuchtungen, Wunder, Träume oder Anrufe.

Mit dem Tod des letzten Apostels ist die eigentlich christliche Offenbarung abgeschlossen, d.h. neue Enthüllungen können nichts wesentlich Neues zur Lehre Jesu Christi beitragen; sie sind allenfalls Wiederholungen des Bekannten oder pädagogische Anweisungen zum konkreten Handeln.

Es gibt prophetische und mystische Offenbarungen. Die prophetischen sind für alle Gläubigen bestimmt (z.B. die Zehn Gebote, die Mose erhielt), die mystischen gehen nur den an, der sie bekommt (z.B. ein Leiden für andere annehmen, wie es P. Pio tat). Die Begriffe sind nicht klar umrissen. Vor allem ist das Wort „Privatoffenbarung" sehr unglücklich, da es sich keineswegs um rein private Mitteilungen Gottes an den Menschen handeln muss, wie wir am Fronleichnamsfest erkennen können, um dessen Einführung die Gottesmutter Juliana von Lüttich (†1258) bat.

Um Täuschungen oder Betrug auszuklammern, müssen solche Offenbarungen (Botschaften, Aufträge, Belehrungen), aber zugleich die Betroffenen selber geprüft werden. Oftmals unterstützt Gott selbst die Echtheit seiner Botschaften durch auffällige Zeichen (Wunder). Manchmal erbitten die Menschen solche Zeichen, um nicht als Betrüger oder Verrückte dazustehen. Bekannt sind die zehn ägyptischen Plagen, die Gott als Beweis seiner Macht und zur Rechtfertigung des Mose schickte. Als der Indianer Juan Diego 1531 von Maria gebeten wurde, beim Bischof vorzusprechen und den Bau einer Kirche zu verlangen, erbat er ein klares Zeichen als Beglaubigung. Kaum hatte er seinen Poncho ausgezogen, erschien vor den Augen des Bischofs das Bild Mariens auf dem Stoff. Es ist heute in Guadeloupe das bekannteste Andachtsbild der lateinamerikanischen Christen.

THEMA OFFENBARUNGEN
Gibt es heute noch Offenbarungen? 12

Ja. Mehr als uns lieb ist. Es handelt sich vorrangig um Erscheinungen Mariens, dann auch Mitteilungen durch Jesus selbst, schließlich auch durch Engel und Heilige. Da tummeln sich auch viele falsche Seher und Seherinnen. Die Offenbarungen präsentieren sich in Visionen oder Auditionen, manchmal auch in Form von Diktaten oder inneren Eingebungen. Inzwischen füllt die Literatur darüber mehrere Regale; ich selber habe über 100 Bücher mit Offenbarungen gelesen. Es ist nicht leicht, die Böcke von den Schafen zu unterscheiden.

Die bekanntesten Offenbarungen unserer Zeit fanden in Fatima (1917) und Lourdes (1858) statt. Oft erkennt man die Echtheit dieser Ereignisse an den späteren Früchten. Was von Gott kommt, setzt sich nicht immer durch; denn Gott zwingt sich uns nicht auf. Nun kann Gott sehr geduldig sein; denn für ihn sind 1.000 Jahre wie ein Tag. Da werden wir wohl in Bezug auf einige brachliegende und kirchlich abgelehnte Erscheinungsorte noch einige Überraschungen erleben.

Mit gutem Grund verhält sich die katholische Kirche solchen Phänomenen gegenüber abwartend und prüfend. Und solange der Dialog Gottes mit seinem menschlichen Adressaten im Gang ist, wird keine endgültige Entscheidung gefällt (z.B. Medjugore, Schio, Maracaibo u.a.); es sei denn, der Betrug oder Irrtum ist offenkundig.

Keiner, der wirklich seriös ist, will freiwillig und begeistert von Gott erhaltene Aufträge öffentlich machen; er wird zweifeln, zögern, ablehnen, verhandeln. Genauso taten es die großen Propheten des Alten Testaments. Wer vom Himmel ausgesucht ist, Botschaften zu überbringen, ist nicht zu beneiden. Er wird verspottet, verleumdet, attackiert. Deshalb ist jeder verdächtig, der solches problemlos oder gar auf fanatische Weise präsentiert.

Im Allgemeinen - so scheint es - sucht sich Gott heute eher die Menschen einfachen Gemüts aus, auch Kinder und Ungebildete, kaum Akademiker. Was könnte uns das sagen? Vielleicht dies: Ungebildete sind kaum imstande, solches zu arrangieren und geschickt zu inszenieren. Und: Sie haben noch die Fähigkeit, unvoreingenommen hinzuhören und hinzusehen.

THEMA OFFENBARUNGEN

Woran erkenne ich falsche Propheten?

An mehreren Merkmalen gleichzeitig und selten an nur einem einzigen Verdachtsmoment lässt sich erkennen, ob einer glaubwürdig ist. Selbstsicheres Auftreten allein ist niemals hinreichender Grund für eine Ablehnung; auch müssen Irrtümer oder theologische Unklarheiten noch keine Beweise sein für die Unechtheit einer Sendung. Gott bedient sich der menschlichen Natur und des Charakters der betreffenden Personen, und die sind weder unfehlbar noch heilig. Wenn heute jemand so aufträte wie damals Paulus oder wie die Propheten Jona, Jeremia und Amos, wäre er weg vom Fenster. Jede Drohung würde ihm angekreidet; da haben wir Deutsche enorme Probleme. Prophetein (griech.) heißt: verkünden, und zwar die Botschaft Gottes, auch die unangenehme.

Falsche Propheten hören nicht auf die Kirche, lassen sich nicht demütigen. Deshalb sind Gehorsam und Demut die wichtigsten Kriterien für eine Seriosität. Weiter müssen die Inhalte der prophetischen Mitteilungen kirchlicher Lehre entsprechen, zumindest nicht widersprechen. Wenn einer käme und behauptete, Gott habe ihm gesagt, der Papst solle endlich abdanken, dann stimmt hier etwas nicht. Ebenso wenn er das Datum für den Weltuntergang bekanntgibt; denn „niemand kennt Tag noch Stunde".

Des Weiteren muss das Leben des Propheten vorbildlich sein; es sollte sich durch Gebetseifer, gesundes Sozialverhalten und Wahrhaftigkeit auszeichnen. Rechthaberei, Fanatismus sowie eine zwanghafte oder angstbesetzte Spiritualität wären schlechte Indizien. Das muss nicht bedeuten, dass er keine Charakterschwächen haben dürfe. Gott nimmt auch den Sünder und Schwachen in seinen Dienst. Vor allem sind heute die falschen Propheten an ihrem sektenhaften Gebaren erkennbar: Sie vereinnahmen die Menschen für sich, schränken deren Freiheit ein durch Verpflichtung auf eine gemeinschaftsinterne Kontrolle, biegen biblische Aussagen nach Gutdünken zurecht und kümmern sich weniger um deren Seelenheil als vielmehr um ihr Konto. Echte Propheten bereichern sich nicht und ertragen falsche Beschuldigungen im Vertrauen auf Gottes Beistand; anders ausgedrückt: Sie rennen nicht gleich zum Anwalt. Wahre Botschafter Gottes drücken sich erst einmal vor der unangenehmen Pflicht, die Menschen zu mahnen.

THEMA OFFENBARUNGEN

14
Was sind die Malachias-Weissagungen?

Sie sind die Voraussagen von 112 Päpsten bis zur Gegenwart. Seit dem 16. Jahrhundert geistern sie durch die Welt. Sie werden dem hl. Malachias zugeschrieben, einem irischen Erzbischof, dessen Prophetengabe bezeugt ist. Jedoch ergaben Nachforschungen, dass sie nicht von ihm, sondern wohl von einem Dominikanerpater Ciaconius oder vom Augustinermönch Panvinio stammen. Denn die ersten 70 der 112 Papstweissagungen sind zurückdatiert, also erst nachträglich erstellt worden. Damit wollte man die Richtigkeit der Voraussagen belegen und so das Interesse bei den Zeitgenossen wecken. Bereits vergangene Geschichte in Prophetie umzusetzen war ein Stilmittel der Sybillinischen Weissagungen. Trotzdem kann sich die Theologie bis heute nicht für diese Malachias-Prophetien erwärmen. Sie hält sie für ein Phantasieprodukt.

Auffallend an ihnen sind die Angaben der päpstlichen Wappentexte, auch mancher Wappensymbole, die in verschlüsselter Manier beschrieben werden; hinzu kommen manchmal sehr deutliche Hinweise auf besondere Geschehnisse während des jeweiligen Pontifikats. Vieles mag phantasiert sein, dennoch gibt es erstaunliche Volltreffer. Bei Papst Johannes Paul II. spricht die Weissagung von der „Bedrängnis der Sonne". Als Karol Woityla geboren wurde, fand eine Sonnenfinsternis statt; zugleich steht die Sonne als Symbol für die Kirche. Und diese steckt in der Tat in einer großen Bedrängnis. Man mag solche Deutungsversuche für zu vage und künstlich halten, vieles bleibt offen. Über seinen Nachfolger heißt es: „... während der letzten Verfolgung der römischen Kirche wird Petrus, ein Römer, regieren. Die Siebenhügelstadt wird zerstört werden ..." Dieser letzte Papst wird mit „Gloriae olivae" gekennzeichnet, mit dem Ruhm des Ölbaums.

Wir werden sehen, was geschehen wird. Bei allen Weissagungen werden immer auch ungeklärte und mehrdeutige Angaben gemacht. (Man denke an die Prophezeiungen des französischen Arztes Nostradamus.) Die Ankündigung eines letzten Papstes muss nicht das Ende der Welt bedeuten; sie kann auch die Verwandlung der Welt meinen, so wie die Mitte der Nacht der Anfang des Tages ist.

THEMA OFFENBARUNGEN

Wer war Jakob Lorber?

Der in Kanischa bei Marburg (heute Maribor) geborene Jakob Lorber (1800-1864) war zunächst Lehrer, dann Musiker und Komponist. Er interessierte sich sehr für Astronomie, Okkultismus und Mystik und ließ sich von Autoren wie Jakob Böhme, Emanuel von Swedenborg und dem Freimaurer Johann Baptist Kerning inspirieren. Das Schlüsselerlebnis für sein späteres Wirken war am 15. März 1840, an dem er plötzlich eine Stimme vernahm, die ihn zum Diktat aufforderte. Von da an blieb er Werkzeug dieser Stimme, schlug attraktive Stellenangebote als Kapellmeister aus und lebte bis zum Tod eher schlecht als recht. Er schrieb nun pausenlos nieder, was ihm die Stimme sagte; für ihn stand fest, dass es Jesus Christus war, während sein Biograph von einer „fremden Intelligenz" sprach. So entstand im Lauf von 24 Jahren ein Werk von 8.500 Druckseiten. Daneben empfing er auch kleinere Nachrichten aus dem Jenseits, Warnungen, Ratschläge, Botschaften an Freunde. Am 24. August 1864 starb er an einer Lungenentzündung, entsprechend seiner eigenen Voraussage. Er hinterließ eine uneheliche Tochter namens Maria Hochegger. Das unvollständige Werk wurde dann von dem Münchener Offizier Gottfried Mayerhofer fertiggestellt, der ebenfalls einer inneren Stimme folgte.

Unter unbedingtem Wahrheitsanspruch entstand so eine Philosophie und Theologie mit gnostisch-christlich-kosmologischem Gedankengut. Hier werden jenseitige Zustände klar beschrieben; zugrunde liegt ein geistiger Monismus (alles ist Geist, nichts ist Materie). Gott ist die höchste Lebensform, in dessen Mitte der Stern Regulus steht; eine Dreifaltigkeit kennt Lorber nicht. Der Mensch kann nur über gute Taten zum Heil gelangen - in unzähligen Wiederverkörperungen (Reinkarnationen) wird die Seele geläutert.

Es fällt auf, dass Lorber nichts Neues bringt; er wiederholt die Irrlehre der alten Patripassianer, die um 200 nach Chr. lebten und schon damals falscher Lehren bezichtigt wurden. Auch fällt auf, dass der Lorbersche Jesus sehr eifersüchtig über seine Mutter spricht.

Die Parapsychologie kann das Phänomen Lorber nicht erklären. Aus christlicher Sicht aber sind seine Offenbarungen abzulehnen.

THEMA OFFENBARUNGEN

Was hat es mit Marienerscheinungen auf sich?

Grundsätzlich hält die Theologie Erscheinungen für möglich. (Matthäus berichtet von Totenerscheinungen 27,53.) Jedoch ist Skepsis geboten, da die Palette der Täuschungen groß sein kann. Nach der Dokumentation der Autoren Hierzenberger und Nedomansky wurden insgesamt fast 1.000 Erscheinungsorte gezählt; allein im 20. Jahrhundert waren es 427 Erscheinungen. Hierbei können wir uns nur auf das berufen, was bestimmte Seher und Seherinnen erlebt haben und wie sie es deuten. Dass sie Maria dreidimensional sehen und ihre Worte hören, dass sie manchmal auch Berührungen empfinden, kann man glauben oder nicht. Dass sie vor allem durch diese Geschehnisse in ihrem Leben verändert werden, lässt sich objektiv feststellen.

Manchmal werden solche Phänomene von Zeichen begleitet, die alle Anwesenden bemerken können: Licht-, Duft- oder Musikwahrnehmungen, Heilungen, Sonnenveränderungen. Dies alles verpflichtet niemanden zum Glauben. Denn derartige Phänomene zählen zu den Privatoffenbarungen, die innerhalb der Theologie keine bedeutende Rolle spielen.

Maria ist bislang vorwiegend katholischen Christen erschienen. Zwei Gläubige protestantischer Konfession gaben an, Erscheinungen gehabt zu haben, auch Orthodoxe und Muslime berichten davon. Wer wo und wie oft schon Visionen hatte, lässt sich nicht klären. Es gab auch sehr spektakuläre Ereignisse, die Tausende mit eigenen Augen bezeugen können; so das Sonnenwunder von Fatima 1917, die Erscheinung einer schönen Frau in der Ukraine 1987, von 60.000 Menschen, auch von KGB-Offizieren wahrgenommen; das Sonnenwunder von Medjugorje, das der französische Priester und Mariologe René Laurentin auf Video mitschneiden konnte.

Entscheidend sind letztlich nicht die „Beweise" für eine Marienerscheinung, sondern die geistlichen Früchte im Nachhinein: Welche Folgen hat das Ereignis für die Seher und für die betende Menschenmenge? Heilungen und optische wie geruchliche Wahrnehmungen sind nicht wesentlich. Wichtig allein ist die Frage nach Umkehr und Versöhnung. Denn die eigentlichen Wunder vollziehen sich im Verborgenen und Stillen.

THEMA OFFENBARUNGEN
Fatima ist anerkannt – warum nicht Medjugore?

Immer wieder werde ich gefragt, warum Medjugorje oder Schio nicht kirchlich anerkannt werden, wo sich doch dort Ähnliches abspielt wie in Fatima oder Lourdes. Das hat einen kirchenrechtlichen und psychologischen Grund: Solange Erscheinungen andauern, und das tun sie in den genannten Orten, wird sich die katholische Kirche einer definitiven Stellungnahme enthalten; es sei denn, die Vorkommnisse beruhen eindeutig auf Irrtum oder Betrug, oder die Seher(innen) sind unzweifelhaft seelisch bzw. geistig gestört. Abwarten ist zwar nicht immer das Klügste, aber in diesen Fällen schon. Medjugorje wurde von der jugoslawischen Bischofskonferenz 1991 vorläufig beurteilt und als Gebetsstätte anerkannt; dasselbe geschah inzwischen auch mit Heroldsbach und Marienfried. Die Empfehlung, dort die Pilger zu begleiten, bedeutet keine Anerkennung der Erscheinungen, aber auch keine Ablehnung. Es gibt drei Positionen:
1. Die Übernatürlichkeit steht fest.
2. Die Übernatürlichkeit steht noch nicht fest.
3. Fest steht, dass es nicht übernatürlich ist.

Medjugorje erhielt die zweite Meinung zugesprochen, d.h. eine endgültige Entscheidung steht noch aus.

Im Übrigen verpflichtet die katholische Kirche niemanden, an Erscheinungen zu glauben. Das bleibt allein Sache der Gläubigen. Laurentin, der bekannte Mariologe und Kenner dieser Materie, meint, dass kirchliche Kommissionen oft überfordert sind und eher negativ urteilen, oftmals auch nicht richtig prüfen. Das Verhalten der kirchlichen Behörden (Ordinariate) war im Fall Heroldsbach 1949 besonders eklatant: Trotz des Sonnenwunders und des positiven Gutachtens eines Fachmanns für Mystik wurde der Pfarrer versetzt, die Seherkinder samt Familien exkommuniziert und der Fachmann des Amtes enthoben. Im Fall Marpingen von 1876 war es nicht besser: Noch 40 Jahre nach den Erscheinungen wurde jeder verhaftet, der dort zum Beten hinging. Die Problematik von An- oder Aberkennungen steht und fällt auch mit der Bereitschaft, an die Möglichkeit von Erscheinungen zu glauben und sich im Fall einer positiven Stellungnahme der bösen Kritik von Gegnern auszusetzen.

Deutschland tut sich schwerer damit als unsere Nachbarländer. Es wäre eine Doktorarbeit wert, einmal die Gründe für diese verborgenen Ängste zu untersuchen.

THEMA OFFENBARUNGEN
Wer ist Vassula Ryden und was lehrt sie?

Vassula Ryden (gesprochen: Rüden) - eine Frau von Welt, die mehrere Sprachen spricht, Kunstmalerin und Tennismeisterin war, Mannequin, griechisch-orthodoxen Glaubens und verheiratet ist - ist eine vielgereiste und die zur Zeit wohl am meisten angegriffene Person. Während einer Zimmerrenovierung im November 1985 vernimmt sie plötzlich einen inneren Antrieb, auf einem Papier etwas zeichnen zu sollen. Es war ein Herz, aus dem eine Rose hervorwächst. Und der Text: „Ich bin dein Schutzengel Dan."

Von da an erhält Vassula bis zur Stunde Diktate und innere Eingebungen, die sie in ihren Werken „Das wahre Leben in Gott" veröffentlicht hat. Ihr Leben verändert sich radikal: Sie gibt ihre Karriere auf, schenkt den Erlös ihrer verkauften Bilder den Armen und reist durch die ganze Welt, um die Botschaften, die ihr Jesus selber diktiert, bekanntzumachen.

Sie wird verleumdet, als Betrügerin hingestellt und muss viel ertragen, wobei sie Phasen der Depression durchlebt. Natürlich stellt sie sich sämtlichen wissenschaftlichen, medizinischen und psychologischen Prüfungen, die sie alle besteht.

In ihren Niederschriften vollzieht sich ein Liebesdialog zwischen Jesus und ihr. Ihre Botschaft ist die Einheit der Christen. Gott wünsche z.B., dass alle Christen das Osterfest am selben Tag feiern, er habe mit Russland viel vor und wir sollten uns auf das Kommen Christi vorbereiten.

Täglich betet sie mehrere Stunden, es haben sich die Wundmale Jesu an ihrem Körper gezeigt. Kritiker wenden ein, dass sie eine wiederverheiratete Geschiedene ist. Jedoch wurde ihre erste Ehe annulliert und die zweite von der orthodoxen Kirche gesegnet. Sämtliche Einwände gegen sie konnten entkräftet werden; aber es bleibt nun einmal Faktum, dass Propheten und Seher ständigen Attacken ausgesetzt sind.

Der Filmemacher Hans Schotte in Ottmaring hat sie auf einer Reise begleitet und daraus einen sehenswerten Videofilm gemacht. Außerdem kann man bei ihm Dokumentarfilme über Marpingen 1999 und Medjugorje bekommen.

THEMA OFFENBARUNGEN

Was sagt Jesus über den Weltuntergang?

Schauen Sie sich das 13. Kapitel des Markusevangeliums an. Dort spricht Jesus von der Zerstörung des Tempels, die im Jahre 70 tatsächlich eintritt. Die Jünger verstehen diesen Hinweis als Aussage über das Weltende. Doch es geht nicht um das Ende. Deshalb warnt Jesus vor den falschen Propheten, die sogar von Daten reden: „Niemand kennt Tag noch Stunde." Aber auch hier spricht er nicht vom Untergang, sondern vom Wiederkommen des Menschensohnes. Kriege und Katastrophen sind keine Vorzeichen des Weltendes. Das Wiederkommen Christi geschieht plötzlich und unerwartet, aber sichtbar; es ist ein weltöffentliches Ereignis. Zuvor kommt der Antichrist, vermutlich eine antichristliche Weltanschauung, zu der sich jeder bekennen muss, will er nicht ein Märtyrer werden. Denn die Kirche der Endzeit wird eine Märtyrerkirche sein.

An folgenden Zeichen lässt sich das bevorstehende Kommen Jesu erkennen, das nicht gleichzusetzen ist mit dem Weltuntergang; denn die Welt kann mit Jesus weiterbestehen:

Es handelt sich eher um eine Verwandlung der Welt, um eine Zeit des Friedens und des Glaubens. Danach erst wird noch einmal Satan losgelassen, dann ist es endgültig zu Ende. Falsche Propheten treten auf und behaupten, sie seien der Messias (z.B. der koreanische Sektenführer Mun); Erdbeben und Hungersnöte werden hereinbrechen; die Christen werden verfolgt; Sonne und Mond verfinstern sich, Sterne fallen herab.

Die Wiederkunft Christi müssen wir uns nicht als planetarisches Inszenarium vorstellen; sie kann durchaus gedacht sein als ein Geschehen, das sich „mitten unter uns" ereignet. Die Macht Satans wird bald gebrochen sein, sagt Maria bei ihren vielen Erscheinungen auf der ganzen Welt; außerdem wird der Triumph der Kirche kommen; ihm geht eine Zeit der Reinigung voraus.

Es gibt keinen Grund zur Panik. Gott wird die Menschen nicht in Angst und Schrecken versetzen. Jeder hat die Chance zur Umkehr und persönlichen Entscheidung. Sie wird im Einzelfall auf die Probe gestellt, ist mit Leid und Attacken verbunden. Was immer auch geschieht, wir müssen keine Bunker bauen und keine Nahrungsmittel horten.

THEMA OFFENBARUNGEN

20
Wer ist der Antichrist?

Von Nero bis Hitler blieb kaum ein Despot unverdächtig, der Antichrist zu sein. Martin Luther sah ihn zunächst im Papst seiner Zeit, dann im Papsttum allgemein. Doch spricht Jesus nicht von einer einzelnen Person; seine Aussagen sind zu ungenau, um sagen zu können, wer genau denn nun dieser Antichrist ist. Es kann eine Weltanschauung sein, die man zu glauben verpflichtet wird, will man nicht zum Märtyrer werden.

Derzeit spricht man sehr viel von der antikirchlichen Lehre der Freimaurer. Im gleichen Atemzug liest man immer wieder von New Age, einer esoterischen Mischanschauung, die eine Einheitsreligion und eine Einheitswährung anstrebt. Nicht wenige sehen in den Strichcodes auf Warenverpackungen schon einen Teil ihrer verdeckt satanischen Pläne; immerhin taucht dort die Zahl des Antichrists auf: 666 (die drei langen und fetten Striche). Selbst für das Internet hat man das weltweite Netz „world wide web", Abkürzung www, in Verdacht. Im Hebräischen hat der Buchstabe w nämlich den Zahlenwert sechs.

Doch nichts Genaues weiß man nicht. Es ist also Vorsicht und Klugheit geboten in der Bewertung solcher Vorgänge.

Dass sich der Antichrist schlau und zunächst getarnt ausbreiten wird, kann man annehmen. Menschen, die sich an die Gebote Gottes halten und immer wieder seinen Geist um Erkenntnis und Unterscheidung bitten, werden sehr schnell die Wahrheit erkennen.

In der Theologie sind Begriff und Deutung des Antichrists sehr umstritten. Fest steht, dass der Widersacher nach den biblischen Aussagen bereits besiegt ist, wenngleich er noch begrenzten Schaden anrichten kann. Das apokalyptische „Tier" ist längst überwunden durch Tod und Auferstehung Jesu. Deshalb muss der Christ keine Angst haben, denn Gott steht ihm bei.

THEMA CHRISTLICHER GLAUBE

21 Worin besteht die eigentliche Lehre der Christen?

Sie besteht im Glauben an den dreifaltigen Gott: an den Vater, der die Welt erschuf, an den Sohn, der Mensch geworden ist, an den Heiligen Geist, der uns heiligt und erleuchtet. Das Hauptgebot ist die Liebe zu Gott, zu den Menschen und zu sich selbst. Der Glaube an die Auferstehung Jesu ist Angelpunkt der christlichen und biblischen Lehre. Christ wird man durch die Taufe. Wer diese Glaubensartikel leugnet, kann sich nicht mehr Christ nennen, auch wenn er religiös ist und betet.

Die Tatsache, dass zu viele Christen das Gebot der Nächstenliebe und der Vergebung (Feindesliebe) kaum praktizieren und auch sonst im moralischen und geistlichen Leben ziemlich versagen, macht das Christentum nicht schlechter. Tatsächlich hat es unser Abendland wesentlich geprägt: kulturell, politisch und sozial. Durch den Einfluss anderer Religionen, besonders auch esoterischer Gruppen, ist die ursprüngliche christliche Lehre im Bewusstsein vieler Christen zurückgedrängt und mit anderen, meist asiatischen Religionen vermischt worden.

Im Unterschied zu den anderen monotheistischen Religionen (Islam, Judentum) wird Jesus Gottessohn genannt und gilt als der Messias, der wiederkommen wird, um die Welt zu richten (Mk 13). Der Mensch ist nicht durch eigene Leistung in der Lage, sich zu retten, sondern von der Gnade Gottes abhängig, die jedem geschenkt wird. Er kann diese Gnade verwirken, aber im Akt der Reue stets neu erhalten. Dieses Geschenk befreit ihn nicht davon, seinen eigenen Beitrag zu leisten, etwa durch Gebete und gute Werke.

Das Christentum ist die einzige Religion, deren Stifter sein Leben opferte „zur Vergebung der Sünden"; so wird in der Eucharistiefeier dieses Opfer stets vergegenwärtigt und unblutig dargebracht. Insgesamt ist es eine therapeutische Religion, die den sündhaften Menschen annimmt, durch die Sakramente immer wieder geistlich stärkt und schließlich zum ewigen Heil führt.

Eine falsch verstandene Gesetzesfrömmigkeit, ein verzerrtes, bedrohliches Gottesbild sowie das Zurückschrecken vor der Verbindlichkeit moralischer Werte haben manche auf Distanz zum christlichen Glauben gebracht. Tatsächlich zeigt sich immer wieder, dass ein richtig verstandenes und gelebtes Christentum den Menschen aufatmen lässt und ihm ein „Leben in Fülle" schenkt.

THEMA CHRISTLICHER GLAUBE

Auferstehung oder Reinkarnation?

Das Christentum kennt keine physische Wiedergeburt. „Es ist dem Menschen gesetzt, einmal geboren zu werden, dann zu sterben, dann folgt das Gericht" (Hebr 9,27). Jesus hat die Schuld aller auf sich genommen und ist dafür gestorben. Seine Auferstehung befreit uns von der Erlösung durch eigene Kraft. Insofern hat er das Karma bereits abgetragen. Die Lehre von der Reinkarnation war weder biblisch noch frühkirchlich ein Thema, auch wenn immer noch das Gegenteil behauptet wird. Die stets zu hörende Auffassung, der Kirchenlehrer Origines habe die Reinkarnation gelehrt, ist falsch. Er hat die Inkarnation vertreten, wonach Gott im Beginn der Schöpfung die Seelen schuf, um sie dann nach und nach in Körper zu bannen. Dafür wurde er beim Konzil zu Konstantinopel 553 heftigst gerügt.

Auch sind die Geschichten, die manche in der sogenannten Rückführungshypnose erzählen, längst geklärt. Solche „Erinnerungen" an ein früheres Leben sind gespeicherte Identifikationsmuster aus Büchern, Filmen und gehörten Geschichten (Konfabulation, Kryptomnesie, genetischer Transport). Diesbezügliche Experimente haben das ganze Kartenhaus der Reinkarnationsphantasien zusammenbrechen lassen.

Reinkarnationstherapeuten vertreten die Auffassung, dass jetzige Krankheiten Folgen des früheren Lebenswandels sind. So meinte ein Therapeut, die Hühnerfederallergie seines Patienten habe ihre Ursache im Diebstahl eines Huhns, den er als Matrose im früheren Leben begangen hätte. Während der Buddhismus und Hinduismus eine Rückwärtsentwicklung kennen, der es mit guten Werken und Yogaübungen zu entrinnen gilt, will der westlich-esoterische Gedanke nur eine Höherentwicklung wahrhaben (statt Karussell also eine Spirale). Im Klartext: Ich brauche keinen Gott, ich kann mich selbst erlösen, von einem Leben zum anderen immer höher und höher, und außerdem hat mein Leid eine plausible Erklärung: es stammt aus Fehlern meines früheren Lebens. Dieser Gedanke kennt weder Vergebung noch Gnade; er lehrt ein unerbittliches Gesetz von Tat und Wirkung. Da kann ich als Christ nur dankbar sein, dass Jesus dem neben ihm gekreuzigten Verbrecher zusagte: „Noch heute bist du im Paradies." Und nicht: „Morgen musst du reinkarnieren, mein Lieber."

THEMA CHRISTLICHER GLAUBE

Gibt es ein Fegefeuer – und was ist das?

Ja, es gibt nach dem Tod die Möglichkeit letzter Reinigung, bevor die Seele endgültig zur Anschauung Gottes gelangt (=Himmel). Diese Auffassung vertritt das Konzil von Trient, das 1563 lehrte, „dass es ein Fegefeuer gibt und dass den dort weilenden Seelen Hilfe zuteil wird durch die Fürbitten der Gläubigen und durch das Opfer des Altares". Fegefeuer meint nicht einen Ort oder ein reales Feuer, sondern einen Läuterungsprozess, der zur Befreiung der Seele stattfindet, nicht zu ihrer Bestrafung. Hier gibt es immer noch zu viele falsche und naive Vorstellungen.
Biblisch wird auf dieses „Feuer" in 1. Kor 3,11-15 hingewiesen. Paulus schreibt hier vom Tag des Herrn, an dem sich herausstellen wird, „wie das Werk eines jeden beschaffen ist. Hält das Werk stand, wird er seinen Lohn empfangen. Verbrennt sein Werk, wird er Schaden erleiden. Er selbst wird zwar gerettet werden, aber nur wie durch Feuer." Und Jesus selber weist darauf hin, dass niemand aus dem „Gefängnis herauskommen wird, bis er den letzten Heller bezahlt hat" (Mt 5,26).
Auch die Offenbarung spricht vom vollkommenen Jersualem, in das „nichts Unreines eingehen darf" (Offb 21,27). Martin Luther verwarf die Lehre vom Fegefeuer wegen ihrer Koppelung mit dem Ablasswesen, das damals zu oft missverstanden und missbraucht wurde.
Die tiefsten Einsichten in das Wesen des Fegefeuers erhalten wir durch die Mystiker: Katharina von Siena, Maria Anna Lindmayr, den Pfarrer von Ars, die Seherkinder von Fatima u.a. Da diese Erkenntnisse zu den sog. Privatoffenbarungen gehören, sind sie nicht Bestandteil offizieller Glaubenslehren.
Es ist aber psychologisch nachvollziehbar, wenn einer trotz Reue über seine Schuld noch die Folgen seiner Taten ausbügeln muss. So musste David eine Strafe auf sich nehmen, obgleich er um Vergebung gebeten hatte. Gott ist zwar barmherzig, aber auch gerecht. Stellen Sie sich einmal vor, jemand vergewaltigt ihr Kind, um es dann bestialisch zu töten. Würde er in diesem Zustand sterben, könnte er wohl kaum von Gott umarmt und in die Seligkeit des Himmels aufgenommen werden. Da muss er gewiss noch einen Prozess der Läuterung durchmachen. Und dies wird er gern und dankbar tun, weil er weiß, dass das Fegefeuer die Erfindung der Barmherzigkeit Gottes ist. Ohne Reue jedoch wäre es die Hölle.

THEMA CHRISTLICHER GLAUBE

24. Lässt sich Gott heute noch im Alltag erfahren?

Sicher. Nur erkennen viele die Zeichensprache Gottes nicht; sie rechnen auch nicht mit ihm, sodass sie blind und taub am Wirken Gottes vorbeileben. Gott ist vor allem in der Stille erfahrbar, in den Worten der Hl. Schrift, in den Sakramenten, in Begegnungen mit den Mitmenschen, in der Natur, auch im Leid. Der Mensch muss sich lediglich öffnen und sensibilisieren für das verborgene und gelegentlich verschlüsselte Handeln Gottes. Denn Gott handelt mittelbar durch die Ereignisse und unmittelbar durch seinen Hl. Geist (Inspiration).

Wer hat nicht schon erlebt, dass er in einer dringenden Notlage plötzlich Hilfe bekam oder dass sich manche verfahrene Situation wieder in Wohlgefallen auflöste? Viele wenden sich enttäuscht von Gott ab, weil sie die Zumutung des Leids und die schmerzliche Erfahrung der unerfüllten Bitten nicht verarbeiten können. Doch Gott führt nicht am Leid vorbei, sondern durch das Leid hindurch.

Der ehemalige Atheist Paul Claudel, auch der bekannte französische Autor André Frossard haben ihre Erfahrung mit Gott niedergeschrieben: „Gott existiert. Ich bin ihm begegnet." Ich selber habe in meiner Biographie „Ich habe dich gerufen" die Führung Gottes beschrieben und aufgezeigt, wie sie auf krummen Zeilen gerade schreibt und einen konkreten Plan mit den Menschen erkennen lässt.

Der Prophet Elija sucht Gott und findet ihn erst im „Säuseln des Windes". Wir müssen öfter in die Stille gehen, leer werden, bevor wir Gottes Stimme vernehmen können. Andere suchen Gott und sind froh, wenn sie ihn nicht finden; denn sonst müssten sie ihr Leben ändern. Und so arrangieren sie sich mit ihren Lastern und stecken voller Schuldgefühle. Diese Schuld und Angst färbt nun ihr Verhältnis zu Gott, sodass sie Schicksalsschläge als Strafe Gottes deuten, ausbleibende Gebetserhörung als Gleichgültigkeit Gottes missverstehen. Doch Gott lockt den größten Sünder und will ihn für sich gewinnen; deshalb machen gerade solche Menschen oft tiefgehende Gotteserfahrungen, die zur radikalen Umkehr führen.

Es gibt Erfahrungen, die ganz plötzlich geschehen (situativ) oder allmählich über einen Zeitraum hinweg (prozessual), je nachdem, wie der Betreffende es verkraften kann. Wer jedoch Angst vor Gott hat, hat ihn noch nicht erfahren.

THEMA CHRISTLICHER GLAUBE

25. Wie kam es zu den Kreuzzügen?

Kreuzzüge gab es fast zu allen Zeiten und in nahezu sämtlichen Kulturen. Wirklichkeit und Mythos lagen nicht so dicht beieinander, wie man glauben machen möchte. Der als Urheber der Kreuzzüge geltende Papst Urban II (um 1000) wollte weder Angriff noch Eroberung, sondern lediglich die Freiheit der Kirche und die Befreiung der morgenländischen Christen. So der Inhalt seiner Briefe. Basileus Alexios I. Komnenos, der damalige Kaiser von Ost-Rom, bat den Papst um Hilfe, da Jerusalem zum Zankapfel der Religionen geworden war. Das Ergebnis war leider ein anderes, als der Papst erwartet hatte. War er zu blauäugig, um erahnen zu können, dass fromme Absichten und blutrünstige Grausamkeit sich vermischten?

Zielstrebig suchten Soldaten, Seefahrer, Ritter und Kaufleute, Bürger und Adel das hl. Grab auf, wo sie blutüberströmt und ermattet dem Herrn dankten. Bei weitem nicht alle hatten gemordet, schon gar nicht „viele Zehntausende" getötet, wie islamische Chronisten behaupteten; denn so viele Einwohner hatte die Stadt nicht.

Zwischen 1096 (Gottfried von Bouillon) und 1291 (Venezianer) ging es aus damaliger Perspektive darum, die Quellen der Christenheit aus den Händen der Heiden und Gotteslästerer zu befreien; es war kein gerechter Krieg. Die Sichtweise, jeden Nichtchristen als Gottesfeind zu betrachten, musste zwangsläufig zu einem Gemetzel führen. Viele verstanden diese Kreuzzüge als Teilnahme an den Leiden Christi, als gottgewollte Rückeroberung des Hl. Landes, was jedem Teilnehmer die Vergebung der Sündenstrafen und himmlischen Lohn in Aussicht stellte. Noch heute gilt dieser Grundsatz in islamischen Religionen, dass jeder Krieg gegen Andersgläubige ein hl. Krieg ist und dem sterbenden Soldaten das ewige Leben verheißt.

Zugleich glaubte man, mit dem Zug nach Jerusalem setze die Kette der Ereignisse ein, die die Ankunft des Antichrists ankündigte und das Wiederkommen Christi erwarten ließe. Welche Motive wirklich mitspielten, lässt sich heute nicht mehr genau herausfinden, allenfalls erahnen, nie aber verständlich machen. Die Worte Jesu rechtfertigen zwar die Evangelisierung der Völker („Gehet hinaus und lehret sie..."), nicht aber mit Gewalt. Hier wird zu oft der menschliche Wille zum Wunsch Gottes gemacht.

THEMA CHRISTLICHER GLAUBE

26
Muss ein Christ immer die linke Wange hinhalten?

Kaum ein Wort Jesu wurde so intensiv missverstanden wie dieses. Es geht nicht darum, sich wehrlos beliebigen Attacken und Beleidigungen auszusetzen, also zu schweigen und zu schlucken. Dem gegenüber steht der Hinweis Jesu, den Gegner zur Rede zu stellen, ihm aber auch immer wieder zu vergeben (Lk 17,3). Sein eigenes Verhalten vom Umwerfen der Tische und vom wortgewaltigen Tadel der Verkäufer im Tempelvorhof zeigt, dass es Momente gibt, in denen der berechtigte Zorn ausgesprochen werden muss. Andernfalls macht sich der Mensch mitschuldig und erkrankt an Leib und Seele; denn was der Mund nicht sagt, sagen die Gebeine (vgl. Ps 38).

Das Wort Jesu aus der Bergpredigt (Mt 5,39) verlangt ebensowenig eine wörtliche Umsetzung wie die folgende Aufforderung, das Auge auszureißen, wenn es ärgert. Theologen streiten sich darüber, wie denn die gesamte Bergpredigt mit ihrer überzeichneten Ethik zu verstehen sei. Matthäus hat sie verfasst, wohl als Verdichtung der christlichen Radikalität.

Die andere Wange hinhalten bedeutet: nicht mit gleichen Waffen, schon gar nicht mit Gewalt auf verletzende Aktionen reagieren. Dies kann im Einzelfall klug und richtig sein. Für den Fall einer Lebensbedrohung ist Verteidigung gerechtfertigt. Das gesamte Verhalten Jesu lässt erkennen, dass er zwar Gewalt ablehnte, aber eine verbale Verteidigung durchaus empfiehlt. Als er selber geschlagen wurde, reagierte er mit der Frage: „Warum schlägst du mich? Habe ich Unrecht getan, beweise es mir!" (Joh 18,23) Klugheit und Demut können gute Gründe sein, auf Angriffe passiv zu reagieren. Jesus Sirach empfiehlt, gegenüber Streitsüchtigen zu schweigen, da sie ja doch nur das Wort im Mund verdrehen (Kap 8), andererseits lieber einen Täter zur Rede stellen, als ihm zu grollen (Kap 20).

Wir sehen also, dass es letztlich dem Einzelnen überlassen bleibt, wie er reagieren sollte. Die Bibel empfiehlt, auf Unrecht mit Besonnenheit zu antworten und den Täter zur Rede zu stellen; hinsichtlich gewalttätiger Anwendung bleibt sie zurückhaltend. Wer immer wieder seine linke Wange hinhalten kann, ohne seelischen Schaden zu nehmen, darf beneidet werden. Ich kenne keinen.

THEMA CHRISTLICHER GLAUBE

Führt Gott in Versuchung?

Immer wieder stoßen sich Beter an der fragwürdigen Formulierung im Vaterunser: „Und führe uns nicht in Versuchung!" (Mt 6,13 und Lk 11,4) Kann Gott denn den Menschen in die Versuchung bringen? Im griechischen Text steht dieser Satz zwar genau so, doch muss seine Bedeutung hinterfragt werden. Während die Engländer ebenso wie die Deutschen diesen unglücklichen Satz beibehalten haben, beten die Franzosen: „Et ne nous fais pas entrer en tentation" (Und lass uns nicht in die Versuchung gelangen). Dasselbe sagen die Italiener: „E non farci entrare nella tentazione." Die Spanier sagen: „Lass uns nicht in der Versuchung fallen" (Y no nos dejes caer en la tentación). Mir scheint, dass diese letzte Formulierung die beste ist.

Gott lässt die Versuchung zu; d.h. dem Widersacher ist es gestattet, bedingt und für gewisse Zeit den Menschen zu versuchen. Das zeigt uns die Geschichte von Hiob, in der Gott dem Satan erlaubt, seinen frommen Diener Hiob zu prüfen, nicht aber, ihn zu töten. Gott will mit solchen Anfechtungen den Menschen nicht quälen, sondern ihn eigentlich näher an sich ziehen. Wir wissen, dass der Mensch nur durch Prüfungen und durch Konfliktbewältigung lebenstüchtig wird. Er lernt durch Versuch und Irrtum. Wer die Tricks seines Gegners kennt, kann sich besser darauf einstellen. So konfrontiert Gott die Menschen auch immer wieder mit ihren eigenen Schatten, mit Anfechtungen aller Art, damit sie zur besseren Selbsterkenntnis gelangen und ihre Grenzen kennenlernen.

Im Angesicht Gottes sind unsere nichtbestandenen Prüfungen kein Hindernis, uns zu lieben und zu heiligen. Sünder haben immer eine Zukunft, Heilige eine Vergangenheit. Und Erfolg war noch nie ein Name Gottes; bei ihm zählt die Bemühung. So kann die Versuchung den Widerstand stärken, ähnlich den Krankheiten, die letztlich das Immunsystem stabilisieren. Kinder, die nie Mumps, Scharlach oder andere Infektionskrankheiten hatten, weil sie steril vor der Unbill der Welt bewahrt wurden, werden ihre Krankheiten später bekommen - und das kann tödlich enden. So sind die Versuchungen Chancen zum Aufbau einer seelischen und moralischen Abwehr. Wer ihr erliegt, sollte um Vergebung bitten, aufstehen und zur Tagesordnung übergehen.

THEMA CHRISTLICHER GLAUBE

Kann Maria Vermittlerin sein?

Evangelische Christen melden regelmäßig Protest an, wenn sie etwas von einer Mittlerschaft Mariens hören. Nur Jesus ist Mittler zwischen Gott und uns. Das ist richtig. Seit aber Maria selber auf der Hochzeit zu Kana vermittelnd tätig war und Jesus auf sie hörte, und seit sie tausende Male auf Erden erschien, um genau das zu sagen, was sie damals in Kana sagte, nämlich: „Tut, was mein Sohn euch sagt", gilt sie als Frau, die im Auftrag ihres Sohnes vermittelt. Die Menschen dürfen sich ihrer Vermittlung bedienen, dürfen sie anrufen. Jesus ist das Bindeglied zum Vater, Maria darf als Bindeglied zu ihrem Sohn betrachtet werden. Da sich viele evangelische Christen mit den Marienerscheinungen schwer tun, haben natürlich solche Privatoffenbarungen für sie keinen Wert.

Wir kennen auch im menschlichen Bereich „Anwälte", Kontaktpersonen. Und es gibt eben Menschen, die sich lieber einer Frau anvertrauen. Deshalb ist Maria noch lange keine Göttin; auch wenn manche dies irrtümlicherweise so deuten. Die orthodoxe Kirche hat damit keine Probleme; für sie ist Maria die auserwählte Mutter, Königin, Mittlerin, ja sogar Miterlöserin.

Als 1945 Maria der holländischen Hausfrau Ida Peerdeman mehrmals erschien, erwähnte die Gottesmutter ein Dogma, das das letzte in der Geschichte der Kirche sein werde, das Dogma von Maria als Miterlöserin und Fürsprecherin. Durch ihr Jawort hat sie die Erlösung möglich gemacht: Sie bringt Jesus zur Welt, leidet mit ihm. Dieses Geheimnis von dem besonderen Auftrag, den Willen ihres Sohnes immer wieder den Menschen neu vor Augen zu halten und sie um Umkehr zu bitten, erkennen inzwischen auch immer mehr evangelische Christen. Die Lutheraner von Argentinien haben 1995 in einem offenen Brief an die Bischöfe ihre Defizite in der Marienverehrung zugegeben und ein Umdenken angekündigt.

Unzählig sind die dokumentierten Heilungen und Gebetserhörungen, die Menschen der Fürsprache Mariens verdanken. Sie selbst kann nicht heilen, nur Gott. Und er tut es aufgrund der Fürsprache Mariens. Oftmals erklärt sie ihren Besuch auf Erden mit den Worten: „Mein Sohn hat mir erlaubt ..." oder „hat mich gesandt". Vergessen wir nicht, dass sehr viele Ungläubige durch den Einsatz Mariens zum Glauben fanden.

THEMA CHRISTLICHER GLAUBE

29 Was bedeutet Rechtfertigung?

Paulus war der Auffassung, dass der Mensch allein durch den Glauben zum Heil gelangen kann und nicht durch fromme Werke. Augustinus hingegen meinte, der Mensch wäre unfähig zum Guten und könne gar nichts beitragen zum Heil. Auch das Konzil von Trient (1545-64) unterstrich die Notwendigkeit der göttlichen Gnade; aus eigener Kraft vermag der Mensch sein ewiges Heil nicht zu erreichen. Doch ist seine freie Mitwirkung gefordert, die wiederum eine Frucht der göttlichen Gnade ist. So ist die Rechtfertigung eine Sündenvergebung und Gerechtmachung aufgrund von Tod und Auferstehung Jesu, wobei das Handeln des Menschen nicht übergangen wird (gute Werke, Gebete, Bußakte...). Der Mensch kann also relativ mitwirken an seiner Rettung.

Für Martin Luther, der sich an der Frömmigkeitspraxis der Kirche störte, stand fest, dass der Mensch einerseits vollkommen gerechtfertigt wird, weil Gott ihm die Sünden verzeiht, und andererseits auch vollkommener Sünder ist, weil er Gott nicht gebührend liebt.

1999 haben Lutheraner und Katholiken eine gemeinsame Erklärung zur Rechtfertigung unterschrieben, die insgesamt dem protestantischen Verständnis näherkommt und die Mithilfe des Menschen an seinem Heil unterschlägt. Allein der Glaube, der aber wieder allein durch die Gnade Gottes entsteht, wird hier zum Bodensatz der Gerechtmachung.

Eine glückliche Lösung ist dieser Konsens nicht. Da gibt es verschwiegene Untiefen und Widersprüchlichkeiten, Folgen eines „hektischen, erfolgsorientierten Aktionismus", so die Aussage des bekannten Dogmatikers Leo Scheffcyk. Das bisherige Ergebnis also: Gott macht uns gerecht vor sich durch die Gnade, und Gnade ist nicht durch gute Werke verdienbar.

Wen aber interessiert nun dieser ganze Streit? Ob Sie es nun verstanden haben oder nicht, für den Alltagschristen wird sich nichts ändern. Er wird weiterhin seine Gebete sprechen, seine Almosen geben, seine guten Werke tun und hoffen, dass Gott sie ihm sehr wohl anrechnet. Schon psychologisch betrachtet, wird sich der Mensch ohne eigenes Zutun kaum wohlfühlen.

THEMA CHRISTLICHER GLAUBE

Der Ablass – Geschenk oder Geschäft?

Ablass ist der Nachlass zeitlicher Strafen vor Gott für Sünden, deren Schuld schon getilgt ist. Er ist erwerbbar durch den Empfang der Sakramente, vor allem der Beichte, auch durch Wallfahrten, Gebete, Fasten, Werke der Barmherzigkeit. Dass er früher auch mit Geldspenden gekoppelt wurde, ärgerte Luther. Und so begann er mit der Reformation. Inzwischen spielt das Geld schon lang keine Rolle mehr beim Ablass; deshalb ist er auch kein Geschäft. Natürlich kann ein Ort vom Besuch der Pilger profitieren, wenn diese aus Gründen der Ablassgewinnung hinfahren. Aber Ablässe kann man fast überall gewinnen, in Kirchen, in Wallfahrtsorten, selbst zu Hause, wenn einer krank ist.

Der bekannteste ist der Portiunkula-Ablass am 2. August, benannt nach der kleinen Kirche vor Assisi. Franz v. Assisi bat Papst Honorius III, dass jeder reuige Sünder, der gebeichtet habe, in dieser Kirche den vollständigen Nachlass seiner Sündenstrafen erhalten könne. Später wurde dieser Ablass auf alle Pfarrkirchen ausgeweitet. Die Buddhisten glauben, dass sie von einer schweren Sünde und deren Folgen freigesprochen werden, wenn sie in der Silvesternacht beim Glockenläuten dabei sind.

Wer Schuld auf sich lädt, wird aufgrund seiner Reue Vergebung erhalten. Was aber ist mit den Folgen der Schuld? Wie will er den Schaden wiedergutmachen? Nach dem Tod folgt nach katholischer Lehre für die meisten Seelen das Fegefeuer; hier vollzieht sich der Läuterungsprozess, bevor sie endgültig zu Gott gelangen. Sie können aber schon auf Erden etwas Vorbeugendes tun. Jesus will den Menschen miteinbeziehen in das Erlösungswerk; deshalb schreibt Paulus auch diesen merkwürdigen Satz: „Für den Leib Christi, die Kirche, ergänze ich im Leben das, was noch am Leiden Christi fehlt" (Kol 1,24). Er will damit nicht sagen, dass Jesus nicht ausreichend gelitten hat, sondern dass Jesus unsere Mitarbeit am noch andauernden Erlösungswerk wünscht.

Jeder Christ kann auch stellvertretend für andere den Ablass gewinnen. Es darf bei aller frommen Leistung nicht vergessen werden, dass es letztlich die Gnade Gottes ist, die diese „Amnestie" ermöglicht. Und ohne Glaube, ohne wirkliche Umkehr, wären die frommen Leistungen nutzlos.

THEMA SAKRAMENTE
Was sind Sakramente und wie viele gibt es?

Sacrare=weihen, heiligen. Sakramente sind von Christus selbst eingesetzte Gnadenmittel, die an ein äußeres Zeichen und an eine bestimmte Gebetsformel gebunden sind. So ist die Taufe nur gültig im Zusammenhang mit Wasser und der Formel: „Ich taufe dich ... im Namen des Vaters ..." Bei der Krankensalbung wird geweihtes Öl auf Stirn und Handflächen gestrichen mit der Bitte: „Durch diese hl. Salbung richte dich der Herr in seinem Erbarmen auf ..." Ob die Salbung auf die Stirn, auf die Hände oder auf noch andere Körperteile erfolgt, ist ebenfalls von sekundärer Bedeutung. Hauptsache sind: Zeichen, Formel und die rechte Absicht. Ob ich nun den Täufling ganz eintauche oder nur seinen Kopf begieße, ist unwichtig. Lediglich die Baptisten fordern ein Eintauchen der ganzen Person.

Die orthodoxe und die katholische Kirche kennen sieben Sakramente: Taufe, Beichte, Kommunion, Firmung, Ehe, Priesterweihe, Krankensalbung. Da Gott selber hier wirkt, ist das Sakrament unabhängig von der Haltung des Spenders gültig. Jedoch sollten beide, Spender wie Empfänger, die Absicht haben, das zu tun und zu wollen, was die Kirche tut und will.

Nicht alle Sakramente sind im gleichen Maß notwendig für das Heil der Menschen. Nach christlichem Verständnis sind Taufe, Eucharistie bzw. Abendmahl und Buße die drei klassischen Sakramente, die eine Vorrangstellung haben, weil Jesus selber hierüber klare Worte sprach.

In Islam und Judentum steht die Beschneidung als sichtbares Zeichen der Zugehörigkeit zu Gott, wird aber nicht Sakrament genannt. Alle Religionen fordern die Bitte um Vergebung und Reinigung, verbunden mit teilweise komplizierten Reinigungszeremonien. Nur das Christentum und buddhistische Mönche kennen ein persönliches Schuldbekenntnis. So treffen sich die buddhistischen Mönche alle 14 Tage zur Pathimokkha, bei der der Klostervorsteher den Beichtspiegel vorliest und jedem Sünder die entsprechende Buße auferlegt.

Die anglikanische Kirche nennt Konfirmation (kath. Firmung), Buße, Ehe, Ordination (kath. Priesterweihe) und Krankensalbung „kleine Sakramente". Die evangelischen Christen kennen nur zwei Sakramente: Taufe und Abendmahl.

THEMA SAKRAMENTE

Wo werden die Sakramente in der Bibel genannt?

Fangen wir bei der Taufe an. Kurz bevor Jesus zum Himmel auffuhr, gab er seinen Jüngern den ausdrücklichen Befehl zur Taufe: „Gehet hin in alle Welt, macht alle Völker zu Jüngern und taufet sie auf den Namen des Vaters ..." (Mt 28,19; die Taufpraxis wird in der Apostelgeschichte mehrfach erwähnt, vgl. 2,38; 8,36).

Das Sakrament der Buße (Beichte) erschließt sich aus dem Auftrag, den der auferstandene Christus den Aposteln im verschlossenen Saal gab: „Empfanget den Hl. Geist. Welchen ihr die Sünden nachlasset, denen sind sie nachgelassen ..." (Joh 20,22f). Darüber hinaus „ließen sich viele taufen und bekannten ihre Sünden" (Mt 3,6), und „viele bekannten offen, was sie getan hatten" (Apg 19,18).

Die Kommunion bzw. Eucharistie (bei den Protestanten: Abendmahl) hat Jesus selber eingesetzt an dem Tag, den wir heute als „Gründonnerstag" feiern. Es war sozusagen die „Henkersmahlzeit" Jesu, bei der er Brot und Wein nahm und die Worte sprach: „Nehmet und esset, das ist mein Leib ... Nehmet und trinket, das ist mein Blut ... Tut dies zu meinem Gedächtnis!" (Mt 26,26ff; 1. Kor 11,23ff)

Die Firmung (protestantisch: Konfirmation) hat ihre Quelle im Pfingstereignis selber (Apg 1,5), dann in der Tatsache, dass die Apostel den Getauften in Samaria die Hände auflegten und für sie um den Hl. Geist baten. Selbst der Magier Simon wollte, als er sah, wie der Hl. Geist offenkundig zu wirken begann, diese „Fähigkeit" den Aposteln abkaufen, worauf Petrus sehr ungehalten war (Apg 8,14ff). Paulus legte den Getauften in Ephesus die Hände auf, und auch sie empfingen den Hl. Geist (Apg 19,4-6).

Das Sakrament der Ehe spenden sich die Eheleute selbst. Jesus weist darauf hin: „Was Gott verbunden hat, soll der Mensch nicht trennen." (Mk 10,9) und verbietet den Ehebruch.

Die Priesterweihe gründet auf der Erwählung, die Gott selber trifft (Mt 4,19). Die Bibel spricht wiederholt vom Handauflegen über die von Gott Berufenen (2. Tim 1,6ff), von der anvertrauten Herde.

Die Krankensalbung wird im Jakobusbrief erwähnt (5,14ff): „Ist jemand krank, rufe er die Ältesten, dass sie ihn mit hl. Öl salben ..."

THEMA SAKRAMENTE

Haben die Protestanten auch Sakramente?

Ja. Die Taufe und das Abendmahl. Diese beiden Sakramente sind eindeutig von Jesus selber eingesetzt und den Jüngern anvertraut worden. Bei ihnen kommen die Zeichen (Wasser, Brot und Wein) und das Wort Gottes vor, das gesprochen werden muss, damit das Sakrament gültig ist: „Ich taufe dich ..." bzw. „Nehmet und esset ..."

Alle anderen fünf Sakramente der Katholiken und Orthodoxen hat Luther nicht übernommen, jedenfalls nicht als Sakrament anerkannt, weil entweder das sinnenhafte Zeichen fehlt (Konfirmation, Ehe, Priesterweihe) oder das zugehörige Wort Gottes nicht da ist bzw. Jesus selbst keinen Auftrag dazu gab (Krankensalbung). Zwar hätte Luther ganz gern die Beichte als drittes Sakrament übernommen, zumal Jesus mehrfach den Befehl zur Vergebung gab, jedoch fehlt auch hier das äußere Zeichen. Die evangelische Kirche übt jedoch die anderen Sakramente als Amtshandlungen oder als seelsorgerliche Handlungen aus. Mit anderen Worten: Auch die evangelischen Christen können bei ihrem Pfarrer beichten gehen. Anruf genügt.

Beim Abendmahl gibt es noch wesentliche Unterschiede in der Auffassung der göttlichen Gegenwart. So lehrt die katholische Kirche, dass Brot und Wein unsichtbar verwandelt werden in Christi Fleisch und Blut (Transsubstantiation) gemäß den Worten Jesu: „Das ist mein Leib, das ist mein Blut." Die evangelische Kirche ist unterschiedlicher Auffassung. Die lutherische glaubt an die Gegenwart Christi erst im Augenblick des Empfangs. Für sie bedeuten Brot und Wein zugleich Leib und Blut Christi (Konsubstantiation). Zwingli sah in Brot und Wein lediglich Erinnerungszeichen für die Erlösung am Kreuz.

Während die Katholiken bei allen Gottesdiensten (ausgenommen Wortgottesdienste, Andachten) diese Wandlung vollziehen und die Gläubigen zur Kommunion gehen, bleibt dies bei den Protestanten oft auf die besonderen Feiertage beschränkt. Die meisten Gottesdienste konzentrieren sich auf das Wort der Hl. Schrift und seine Auslegung. Die starke Betonung des Wortes, das Fehlen von Bildern, Figuren, liturgischen Handlungen mag manchen zu mager erscheinen; es hat aber auch den Vorteil, dass die Beter nicht abgelenkt werden.

THEMA SAKRAMENTE

Kinder- oder Erwachsenentaufe?

Da streiten sich die Gelehrten. In der Bibel kommt die Kindertaufe nur im Rahmen der allgemeinen Familientaufen vor (Apg 16,15). Erst durch die Taufe wird man Mitglied einer Kirche; aufgrund der hohen Säuglingssterblichkeit hat sich bereits im 3. Jahrhundert die Kindertaufe durchgesetzt, denn sie schenkt Anteil an der Gnade Gottes. Und diese wollte man den Kindern nicht vorenthalten. Der Meinung war auch Luther. Die Wirksamkeit der Taufgnade ist unabhängig von der Intelligenz und vom Alter. Und die Eltern können stellvertretend für ihr Kind den Glauben ausdrücken, müssen aber auch die religiöse Erziehung gewährleisten.

Dieses Traditionschristentum geht nun allmählich zu Ende zugunsten der persönlichen Entscheidung. So muss der Getaufte später ohnehin seinen Glauben an Gott und seine Zugehörigkeit zur Kirche bewusst annehmen; denn die Taufe allein ist noch kein Garant für das ewige Heil. Sie ist der Wegbereiter und der Türöffner.

Dennoch spricht einiges für die Kindertaufe, vor allem dann, wenn die Eltern bewusste Christen sind. Das Kind wächst so allmählich in eine christliche Lebensweise hinein und braucht später nur diesen Glauben und seine Zugehörigkeit zur Kirche neu zu bejahen. Aussteigen ist leichter als einsteigen. Es wächst ja auch zwangsläufig in eine bestimmte Kultur und Sprache hinein, ohne diese wählen und reflektieren zu können. Den Gedanken, die Kinder später selbst entscheiden zu lassen, mag man zunächst als Ausdruck von Toleranz und Freiheit begrüßen; doch in der Praxis stellt sich das meist anders dar. Wenn keine Beziehung gewachsen ist, wenn keine Kenntnis und Erfahrung vorhanden ist, wird meist gar keine Wahl getroffen. Oder aber es kommt zu einer rein affektiven Entscheidung, bei der Sympathien von Personen, Attraktivitäten von Lehren und andere nicht substantielle Faktoren mitspielen. Eine wirklich ernsthaft reflektiertes Bekenntnis, das auch unbequeme Verbindlichkeiten eingehen kann, bleibt da auf der Strecke. Taufe ist mehr als nur ein formaler Akt; sie schenkt Anteil an der Gnade Gottes. Weshalb sollte ich dieses Geschenk nicht schon einem Kind machen, besonders in einer Zeit der Orientierungslosigkeit?

THEMA SAKRAMENTE

35. Was unterscheidet Konfirmation und Firmung?

Was die Katholiken Firmung nennen, heißt bei den Protestanten Konfirmation. Das Wort bedeuet soviel wie Stärkung, Kräftigung. Gemeint ist die Stärkung des Glaubens durch den Hl. Geist. Unter Handauflegung wird der Hl. Geist angerufen, wobei die Katholiken eine Salbung mit Chrisam (vom Bischof geweihtes Öl) vornehmen und die Worte sprechen: „Sei besiegelt durch die Gabe Gottes, den Hl. Geist!" Die evangelischen Christen sprechen ohne Salbung: „Nimm hin den Hl. Geist, Schutz und Schirm vor allem Bösen, Hilfe und Stärke zu allem Guten, durch Jesus Christus, unsern Herrn."

Mit ca. 14 Jahren erfolgt dieser Ritus, gilt also als sog. Initiation, d.h. als Eintritt in das mündige Alter des Christseins. (Vergleichbar mit der jüdischen Bar-Mizwah-Feier, mit der ein Junge am 13. Geburtstag Vollmitglied in der Synagoge wird.) Es gibt jedoch Überlegungen beider Kirchen, das Alter heraufzusetzen, um eine wirkliche, persönlich durchdachte Entscheidung zu garantieren.

In der orthodoxen Kirche ist dieser Ritus unmittelbar mit der Taufe verbunden. Dahinter steckt der Gedanke, dass der Mensch von Anfang an durch die Gnade Gottes zur Kirche gehört, aber erst später die Früchte des Hl. Geistes tragen wird. Hier spricht der Priester: „Das Siegel der Gabe des Hl. Geistes. Amen."

Die Konfirmation ermöglicht die Zulassung zum Abendmahl und gibt das Recht, Pate zu werden bei Täuflingen. Die Firmung erfolgt nach der Erstkommunionfeier; immer häufiger kommt es vor, dass Erwachsene um das Sakrament der Firmung bitten, weil sie, aus welchen Gründen auch immer, noch keine erhalten haben oder keine wollten. Tatsächlich ist sie dann auch ein Ausdruck der eigenen, reflektierten Glaubensentscheidung und Zugehörigkeit zur katholischen Kirche.

Der sozialistische Staat (DDR) setzte gegen Konfirmation bzw. Firmung die Jugendweihe und gestaltete diese so attraktiv, dass sich viele Jugendliche dem kaum entziehen konnten. Gleichzeitig übte er Druck auf jene aus, die sie aus Glaubensgründen ablehnten.

THEMA SAKRAMENTE

36 Weshalb soll ich beichten?

Um mich zu reinigen von all dem Schmutz, der sich angesammelt hat. Wer dies nicht tut, verliert den Überblick über seine Schattenseiten und wird auch kaum in der Lage sein, daran zu arbeiten. Manchmal kommt es dann vor, dass er infolge der verdrängten Schuld und mangelnden Versöhnung krank wird und zum Psychologen geht. Billiger und wahrscheinlich effektiver wäre der Gang zum Priester gewesen.

Schon Shakespeare lässt den Castellan die weisen Worte sprechen: „Sie bedarf des Priesters mehr als des Arztes!" (Gemeint war Lady Macbeth, die gerade einen Mord begangen hatte und mit Waschzwang durch die Gegend lief.)

Weil aber viele Christen ihre Schuld verdrängen, auch nicht im Gespräch verbalisieren und bewusst machen, sind ihnen die Namen ihrer „Rumpelstilzchen" unbekannt. Sie haben keine Gewalt mehr über ihre Sünden und leben so dahin. Die fehlende Bereitschaft, sich demütig einem Priester anzuvertrauen und sich ganz konkret anzuklagen, hängt mit Angst, mit schlechten Erfahrungen, aber auch mit dem subtilen Hochmut zusammen. Doch auch viele Priester haben die Beichte vermurkst, weil sie entweder keine anbieten oder sehr ungeschickt mit manchen Sündern umgehen. Diesbezüglich ist die Ausbildung nicht gerade glücklich.

Regelmäßige Gewissenserforschung und Motivsuche für mein egoistisches Verhalten ist eine psychohygienische Kultur. Dabei geht es nicht darum, alle Sünden numerisch aufzuzählen, um nach erfolgter Lossprechung und Vergebung von neuem zu sündigen. Es genügt, wenn ich die wichtigsten Verfehlungen nenne und auch deren mögliche Ursachen. Gott vergibt immer, wenn ich bereue. Auch der Mensch muss sich selbst vergeben können, sonst bleibt das befreiende Gefühl nach der Beichte aus.

Jesus gab den Jüngern die Vollmacht, Sünden in seinem Namen zu vergeben, aber auch zu behalten (Joh 20,23), z.B. wenn der Betreffende gar nicht bereut oder eine geforderte Wiedergutmachung verweigert. Auch die buddhistischen Mönche kennen die persönliche Beichte (Pathimokkha). Die Moslems und Juden unterziehen sich rituellen Reinigungen ohne ausdrückliche Bekanntgabe ihrer Schuld.

THEMA SAKRAMENTE

Sollen auch Kinder beichten?

Ja. Aber eine neue Form muss her. Es ist wenig sinnvoll, wenn Kinder anlässlich ihrer bevorstehenden Erstkommunionfeier zum Priester kommen und ihre untereinander abgesprochenen „Sünden" ablesen: Ich habe gelogen, ich habe mich gestritten, ich habe genascht. (Und wenn es ganz „schlimm" wird: Ich habe geraucht.)

In der allgemeinen Vorbereitung zur Beichte sollten die Ursachen typischer Verfehlungen angeschaut werden: Warum lügt der Mensch überhaupt? Weshalb gibt es immer wieder Streit? Und dann: Wie fühlt sich das Kind angesichts solcher Missstände? Und welchen Vorschlag hat es selber, damit wieder Friede eintreten kann? Es muss eine christliche Streit- und Versöhnungskultur gelernt werden, und zwar auch mit Rollenspielen im Unterricht.

Kinder haben noch ein ausgeprägtes moralisches Bewusstsein, einen Sinn für Gerechtigkeit und Wiedergutmachung. Sie wollen von Herzen Versöhnung. Die Frage stellt sich, wie weit das Elternhaus und die Lehrer es vorleben. Ich schlage vor, dass die Kinder anhand eines kindgerechten und realistischen Beichtspiegels (=Nennung aller typischen Verfehlungen unter Angabe auch ihrer möglichen Ursachen) über ihre Schuld nachdenken können. Auf keinen Fall gehören solche „unerlässlichen" Sünden wie Streiten oder Naschen ins Register; diese Begriffe helfen nicht und sind im Moralbewusstsein des Menschen keine wirkliche Schuld, denn Streiten ist unumgänglich; es kommt darauf an, wie und aus welchem Grund gestritten wird. Auch ist der Ungehorsam nicht immer sündhaft. Die Beichten von Erwachsenen zeigen immer wieder, welche eklatanten Missverständnisse aus diesen Kindersünden gewachsen sind.

Das Kind sollte erkennen können, wo sein Hauptproblem liegt, das immer wieder Anlass zum Ärger gibt. Denn Beichte macht nur Sinn, wenn ich auch an dieser Schwäche arbeiten kann. Das kann ein Hang zur Eifersucht sein oder das Gefühl, immer zu kurz zu kommen. Typisch sind auch Versagensängste, die zu Lügen führen, oder Überforderungen, die aggressiv machen. Die moderne Form der Beichte kommt nicht an der Kenntnis psychologischer Zusammenhänge vorbei.

THEMA SAKRAMENTE

30. Krankensalbung oder „letzte Ölung"?

Aufgrund der Aussage in Jak 5,14 ist die Krankensalbung als Sakrament übernommen worden. Dort wird empfohlen, den Kranken die Hände aufzulegen, sie mit hl. Öl zu salben und für sie zu beten. Auch ist von Sündenbekenntnis die Rede; doch dieser Teil wurde abgekoppelt, sodass heute nur die Salbung auf Hände und Stirn mit dem begleitenden Gebet erfolgt. Die Krankensalbung ist ein vergebendes Sakrament, sofern die Reue da ist. Liegt kein Notfall vor, ist die Beichte bei schwerer Schuld verpflichtend.

Leider wird diese Salbung immer noch als „letzte Ölung" verstanden, also als Sterbesakrament. Doch dieses heilbringende und manchmal sogar heilende Ritual ist für jeden körperlich oder seelisch Kranken gedacht; man kann es immer wieder im Leben empfangen, es hat mit einem bevorstehenden Tod nichts zu tun.

Die orthodoxe Kirche kennt die hl. Salbung als heilendes Tun am Gesunden und Kranken und bietet sie im Rahmen ausgedehnter Gebetsgottesdienste an, wobei sieben Priester - in Anlehnung an die sieben Gaben des Geistes - die Spendung vornehmen.

Im Rahmen großer Segnungsgottesdienste, durch die Charismatische Erneuerung wieder aufgelebt, wird heute die Krankensalbung und das handauflegende Einzelgebet angeboten. Diese Gottesdienste erfreuen sich wachsender Beliebtheit auch unter den Nichtkatholiken, weil hier die intensive Zuwendung an den Einzelnen und das gemeinsame Gebet in dessen Anliegen praktiziert werden. Dabei werden immer wieder wunderbare Heilungen und Bekehrungen bezeugt.

Es ist jedem Christen geraten, sich in persönlichen Krisenzeiten, bei Krankheiten, bei schwierigen Entscheidungsprozessen, vor großen Operationen und natürlich auch angesichts des Todes vom Priester die Salbung mit dem hl. Öl spenden zu lassen. Eine vorausgehende Beichte, mindestens aber Reue über seine Verfehlungen ist zu empfehlen.

Das hier benutzte Öl ist eine Mischung aus Pflanzenölen und Duftstoffen und wird vom Bischof am Gründonnerstag geweiht.

THEMA SAKRAMENTE

39. Welche Bedeutung hat der Gottesdienst?

Er bedeutet Dienst des Menschen für Gott und Dienst Gottes am Menschen. Gott selber wünscht die Heiligung des Sonntags (in der jüd. Tradition ist es der Sabbat) durch Ruhen von der Arbeit und durch gemeinsames Gebet. „Wo zwei oder drei in meinem Namen versammelt sind, bin ich mitten unter ihnen" (Mt 18,20). Wir sind Gott unseren Dank und Lobpreis schuldig; und es ist wirklich nicht viel, wenn wir am Sonntag zur Kirche gehen, um dort in Gemeinschaft des Todes und der Auferstehung Christi zu gedenken, unsere Gaben zu bringen, unsere Bitten vorzutragen. Gott ist in der Eucharistie gegenwärtig.

Ohne diese religiöse Gemeinschaftsfeier verkümmern wir Menschen. Es zeigt sich immer wieder, dass jene, die nicht mehr zur Kirche gehen, auch im privaten Gebetsleben zu verarmen drohen. Natürlich bringt auch der gedankenlose Gang zum Gottesdienst nichts; jeder muss sich wirklich über sein Verhältnis zu Gott besinnen und sich im Gebet neue Kraft für seinen Alltag holen. Gott will uns beschenken, will uns begegnen und wartet auf unser Entgegenkommen.

Der Gedanke, dass manche Kirchenbesucher farblose Gewohnheitschristen und dass die Predigten langweilig sind, darf kein Grund zur Bequemlichkeit sein. Jeder kann sich ein anderes Gotteshaus aussuchen. Es geht nicht um eine liturgische Versorgung, die ich konsumiere, sondern um mein Dasein vor Gott in Gemeinschaft. Da müssen schon mal persönliche Wünsche zurückstehen.

Selbstverständlich sollten umgekehrt die Priester den Gottesdienst abwechslungsreicher gestalten und lebensnäher. Das gelingt nicht immer. Wer im privaten Alltag ein wirklich Betender ist, wird die offiziellen Gebetszeiten mitmachen, weil er Gott nahe sein möchte und weil er weiß, dass dies der Wunsch Gottes ist. Doch muss zweifellos manche Form unter Beibehaltung der Lehre geändert werden.

An großen Wallfahrtsstätten kann man noch mitreißende Gemeinschaft des Betens erfahren. Deshalb bieten solche Orte neue geistliche Tankfüllungen. Sie sind jedem empfohlen, der zu Hause den Bezug zur gemeinschaftlichen Gottesdienstfeier verloren hat. Und wer meint, ein Tag mit Messe sei Zeitverschwendung, wird eines Tages erfahren, was er wirklich verloren hat.

THEMA SAKRAMENTE

Hand- oder Mundkommunion?

Das ist die Frage, die viele bewegt. Und so mancher ereifert sich mit Flugblättern und frommen Traktätchen für die Mundkommunion, weil dies Jesus und Maria persönlich gewünscht hätten. Das Vatikanum II (1962-65) hat sich für beide Möglichkeiten geöffnet. Hand oder Zunge? Wesentlich ist es, mit dem Herzen zu empfangen. Andererseits kann man die strikten Befürworter der Mundkommunion verstehen. Denn zu viele Katholiken, darunter auch Kinder, gehen nicht gerade würdig und sachgerecht mit dem Leib des Herrn um. Da fallen Brösel auf den Boden, da greift einer mit seinen Fingern nach der Hostie, da liegen manchmal sogar die Hostien auf dem Boden (und man findet sie beim Putzen zwischen den Bänken). Da besteht die Gefahr, dass man sie nur scheinbar in den Mund nimmt, in Wirklichkeit aber in die Tasche steckt, um sie dann an Satanisten weiterzugeben. (Ich kenne solche Fälle.) Das ist mehr als ärgerlich.

In manchen Ländern ist es bei der Mundkommunion geblieben (Südamerika und Teile Asiens, auch in den meisten marianischen Wallfahrtsorten). Das gibt natürlich zu denken. Es kursieren Gerüchte, wonach angeblich freimaurerische Elemente diese Handkommunion durchgesetzt haben, gegen den Willen des Papstes. Man wolle die Eucharistie irgendwann abschaffen, so hört und liest man gelegentlich. Nach allem, was mir Ex-Freimaurer verrieten, stimmt es.

Tatsächlich hat die Gottesmutter 1990 in Maracaibo zwei jungen Burschen gesagt, sie wünsche die kniende Mundkommunion; in Medjugorje wies sie auf die Praxis der (katholischen) Kirche hin, also auf beide Formen. Dem Priester zu gehorchen, bittet sie mehrfach.

Es sollte daraus kein Glaubenskrieg gemacht werden. Jeder möge Gottes Leib würdig und mit Respekt empfangen.

Die Orthodoxen tauchen das Brot mit einer Pinzette in den Wein und geben es dann auf die Zunge. Ich finde, das ist eine sehr gute Lösung, dauert aber auch länger.

Die kniende Mundkommunion mag Ausdruck einer sehr demütigen Haltung sein; doch darf man den anderen die Ehrfurcht nicht absprechen. Beim letzten Abendmahl gab Jesus das gebrochene Brot den Jüngern in die Hände.

THEMA GEBET UND FRÖMMIGKEIT
Wie geht Beten?

Es ist bedauerlich, dass die Christen keine Gebetsschule kennen. Juden und Moslems hingegen kennen sie sehr wohl. Da auch die Eltern kaum noch ihre Kinder beten lehren, wissen viele nichts mit dem Beten anzufangen. Entweder sie plappern viele Worte, um ihren bedrohlichen und strafenden Gott umzustimmen, oder sie lassen es sein, weil er ja so schwerhörig und abwesend zu sein scheint. Das Gottesbild stimmt nicht. Und so ein Gottesbild prägt auch Stil, Inhalt und Qualität meines Betens.

Beten ist nicht allein Reden mit Gott, sondern vor allem Hören auf ihn. Das muss man lernen. Es heißt ja nicht: Höre Herr, dein Diener schwätzt! sondern: Rede Herr, dein Diener hört (1. Sam 3,9). Und Gott spricht zu uns in der Bibel, in den Ereignissen, in der inneren Eingebung ... Es ist nicht einfach, zwischen meinen Wünschen und Gottes Wünschen zu unterscheiden. Da braucht es den Heiligen Geist, um den ich dringend und täglich bitten sollte.

Das Beste ist, sich eine Gebetsecke oder Gebetswand zu schaffen, vor die ich mich öfter hinstelle oder knie. Still werden ist das erste Gebot. Kinder können noch frei, spontan und laut mit Gott reden; Erwachsene haben das verlernt oder genieren sich. Heute lernen wieder viele junge Menschen in den verschiedenen Gebetsgruppen beten (Fokolare, Taizé, Schönstatt, Charismatische Erneuerung, Immanuel u.a.).

Es gibt Lobpreis, Dank, Bitte, Fürbitte, Klage, gesungenes Beten, Textbetrachtungen, Bildmeditationen. Es gibt das Murmelgebet, das Sprachengebet (vgl. 1. Kor 14), das narrative (erzählende) Gebet, das sog. Jesusgebet (beim Einatmen denke ich JE-, beim Ausatmen -SUS) und die stille Anbetung. Wichtig ist auch das gemeinsame Beten; denn „wo zwei oder drei beisammen sind, bin ich mitten unter ihnen". Es zeigt sich immer wieder, dass Gott die vertrauensvollen und geduldigen Gebete, die reinen Herzens getan werden, am ehesten erhört. Deshalb sollten wir unsere Schuld bereuen, bevor wir vor Gott treten, und „alle Bitten mit Dank" vortragen (Kol 4,2).

Weil wir so hektisch geworden sind, fällt uns das Beten manchmal schwer. Wer seine Arbeit zur Ehre Gottes tut, also die Liebe lebt, ist ein existentiell Betender.

THEMA GEBET UND FRÖMMIGKEIT

42 Will Gott fromme Versprechen oder Opfer?

Jein. Im Psalm 51 heißt es: „Nicht Opfer will ich, sondern ein demütiges und vertrauensvolles Herz." Andererseits spricht Jesus davon, dass jeder, der seine Gaben zum Altar bringt, zunächst um Versöhnung bemüht sein soll; dann erst möge er seine Gaben bringen (Mt 5,23f). Im Klartext: Gott nimmt gern Opfergaben entgegen, aber der Mensch sollte versöhnt sein, demütig sein. Die Reihenfolge muss also stimmen. Zu viele Menschen leisten zu viel Frommes und sind nicht versöhnt bzw. kompensieren vielleicht sogar ihren Mangel an Glauben und Demut mit einem Zuviel an religiösen Leistungen. Das will Gott nicht.

Wer beharrlich um Gottes Gehör bittet und seine Gebete mit Fasten, mit Wallfahrten oder mit Spenden aller Art, ja sogar mit einem frommen Versprechen verbindet, handelt durchaus richtig. Die Frage stellt sich nur, wie er im Fall einer Nichterhörung reagieren wird. Er darf Gott mit seinen frommen Leistungen nicht erpressen. Das hieße, ihn versuchen.

Wir wissen von unzähligen Berichten, wie Gott die Bitten der Menschen erhörte, nachdem sie voll Vertrauen ein konkretes Versprechen nachschoben. Diese Versprechen bezogen sich stets auf moralische Umkehr, bessere religiöse Praxis und intensiveres Gebetsleben. Das ist nie falsch. Fragwürdig und gefährlich sind Gelübde, die mit einem Eintritt ins Kloster verbunden sind. Gott beruft die Menschen, nicht der Mensch sich selber. So mancher musste einsehen, dass er sein Gelübde nicht einhalten konnte, und bekam massive Schuldgefühle.

Gott schenkt. Ich muss diese Gnade nicht verdienen. Ich darf natürlich meine Gebete unterstützen und die Dringlichkeit meines Anliegens durch Opfer betonen.

In jedem Fall aber sollte das Vertrauen in Gottes Willen im Vordergrund stehen.

Wer um die Bekehrung oder Heilung eines Mitmenschen bittet und dafür gewisse religiöse Opfer bringt (Novenen, Besuche von Messen, die Widerwärtigkeiten seines Lebens aufopfern...), darf auf die Barmherzigkeit Gottes hoffen. Manchmal erbittet Gott sogar von Menschen ein Leben der Aufopferung (vgl. Katharina Emmerich, Johannes vom Kreuz, Pater Pio). Er will ihre Mitarbeit am Heil der anderen. Das aber versteht nur, wer einen Zugang zur Mystik hat.

THEMA GEBET UND FRÖMMIGKEIT

43
Warum sind Wallfahrten so beliebt?

Weil sie verschiedene Vorzüge bieten. Junge Menschen sehen darin einmal die Möglichkeit gemeinsamer religiöser Erfahrungen, zum anderen eine sportliche Herausforderung (sie gehen meist zu Fuß oder fahren mit dem Rad); dann schließlich reizt die Verbindung von Freizeit, Gemeinschaft, Kennenlernen und spiritueller Erfahrung. Natürlich sind die Gebete wichtig, vielleicht auch die mitgebrachten Anliegen (Bitte oder Dank für eine gute Prüfung, für einen Job, für eine Heilung oder Bekehrung).

Manche machen sich auf den Weg, um einen gläubigen Partner, eine christliche Partnerin fürs Leben kennen zu lernen, die sie zu Hause nicht finden. Und wer Wert auf eine gemeinsame Glaubenspraxis legt, findet an den bekannten Wallfahrtsorten eher das Passende.

Derzeit sind bei den jungen Menschen Medjugorje, Schio und Santiago de Compostella im Rennen; die älteren bevorzugen die klassischen Ziele Lourdes, Fatima und Banneux.

Die Erfahrung, dass Gottes Wirken an besonderen Orten spürbarer zu sein scheint, motiviert zur Reise dorthin. Es spricht sich rasch herum, wo sich Heilungen vollziehen und Gebete erhört werden. Beliebt sind besonders jene Orte, an denen die Gottesmutter erschienen ist und besondere Gnade denen verspricht, die dorthin kommen.

Es gibt auch die kleine Schar jener, die eine Wallfahrt auf sich nehmen, um Buße zu tun für ihre Sünden. Und wo sich Frömmigkeit konzentriert, ist ein gutes Klima zum Beten. Für viele beginnt, am Ziel angelangt, erst das Suchen. Betroffen von der Heiterkeit der einen, angerührt von der Hingabe der anderen, wird so mancher zurückgeworfen auf Fragen, die zu Hause untergehen: Was will Gott von mir? Um was soll ich bitten? Wo muss ich mich ändern?

Gemeinsames, unbefangenes Beten und Singen ist oft zu Hause nicht möglich. An den Wallfahrtsorten hingegen erfährt man noch „Kirche", d.h. die versammelte Gemeinschaft der Betenden. Da schaut einen keiner schräg an, wenn man mit dem Rosenkranz in der Hand, mit dem Kreuz auf der Brust daherkommt.

Sind wir nicht alle ein Leben unterwegs auf Pilgerschaft?

THEMA GEBET UND FRÖMMIGKEIT

Beten die Katholiken Maria an?

Natürlich nicht. Auch wenn man so einen Unsinn immer wieder zu hören und zu lesen bekommt. Hier liegt gewiss ein Missverständnis vor. Rein äußerlich lässt sich nicht erkennen, ob einer anbetet oder eben nur bittet. Maria ist keine Göttin und daher nicht anbetungswürdig. Das allein gebührt Gott. Deshalb machen die Gläubigen stets vor dem Tabernakel, vor einer Monstranz, vor dem Leib des Herrn (Hostie) eine Kniebeuge, nie aber vor einer Marienstatue. Ich kann vor einer Heiligenfigur knien, nicht aber eine Kniebeuge machen. Möglicherweise wissen das manche fromme Leute nicht und geben Anlass zu Missverständnissen. Maria als Mutter unseres Herrn wird aber auch von evangelischen Christen verehrt. Martin Luther war ein großer Marienverehrer, und die Beseitigung aller bildhaften Darstellungen von Heiligen aus der Kirche verdanken die Protestanten nicht Luther, sondern Calvin.

Maria ist die größte Heilige und wird auch im Islam als jungfräuliche Mutter des Propheten Jesus verehrt. Gewiss kommt es vor, dass manche Verehrer ein bisschen zu viel des Guten tun und den Eindruck erwecken, als ob sie zu den Göttern erhoben wäre. Auch die Marienverehrung muss christozentrisch bleiben: Jesus bleibt Mittelpunkt des Glaubens. Maria ist allenfalls eine vermittelnde Person zwischen uns und ihrem Sohn.

Da wir sinnenhafte Menschen sind, brauchen wir etwas, das wir sehen, berühren und fühlen können. Heiligenbildnisse sind sichtbare Zeichen unseres Glaubens. Sie erinnern uns daran, dass wir selber zur Heiligkeit berufen sind und jetzt schon durch die Taufe zur Gemeinschaft der Heiligen gehören.

Wo Maria ist, da ist auch ihr Sohn. Ich darf die Mutter meines besten Freundes ehren. Das zu verbieten oder in Frage zu stellen würde ein merkwürdiges Licht auf das Mutterverhältnis der Kritiker werfen. Natürlich gibt es auch pathologische Formen der Verehrung. Das Vorbildliche an Maria sind ihre 3D-Tugenden: Demut, Dankbarkeit und Diskretion. In einer Zeit des Hochmuts, der Maßlosigkeit und der Indiskretion kann uns Maria den Weg weisen. Wer ihn geht, wird zwangsläufig zu ihrem Sohn geführt.

THEMA GEBET UND FRÖMMIGKEIT

45
Welche Bedeutung hat der Rosenkranz?

Gelegentlich bekommt man zu hören, wie langweilig doch dieses Perlengebet sei. Aber getrost: Wer solches sagt, hat nichts kapiert. Alle großen Religionen haben Gebetsketten unterschiedlicher Bauart. Die Buddhisten zählen an ihrer Schnur 108 Kugeln, die sie während der Meditation über Buddhas Eigenschaften durch die Finger gleiten lassen. Die Hindus murmeln mit Hilfe ihrer Japa-mala, die ebenfalls aus 108 Perlen besteht, die Mantras (=Kurzformeln von Götternamen). Weshalb 108 Perlen? Weil beim Zählen schon mal ein paar Perlen durchrutschen. Die Moslems bedienen sich einer Schnur mit 99 (oder verkürzt mit 33) Perlen, an Hand derer sie die guten Eigenschaften Allahs herunterzählen. Warum nicht 100 Perlen? Ganz einfach: Diese eine fehlende Eigenschaft kennen sie noch nicht. Mit anderen Worten: Man kann Gott nicht vollständig erfassen. Die Katholiken besitzen eine Gebetskette mit 59 Perlen und einem Kreuz. Sie betrachten die Lebensstationen Jesu: Zuerst kommt das Glaubensbekenntnis, danach ein Vaterunser, dann drei Ave-Maria. Jetzt folgen fünf Gesätze, die jeweils zehn Ave-Maria lang betrachtet werden; es sind zentrale Ereignisse der Heilsgeschichte. Dabei geht es nicht um konzentriertes Beten von insgesamt 53 Ave-Maria und sechs Vaterunser, sondern um die Meditation verschiedener Bilder aus dem Leben, Leiden und Triumph Jesu. Wer sich vertieft, vergisst die Zeit, und im Nu sind 20 Minuten vorbei; denn solange dauert ein Rosenkranz.

Im 12. Jahrhundert wurde er erfunden, etwas später durch Rom anerkannt. Ein eigenes Fest findet am 7. Oktober statt, als Dank für den Sieg der Christen über die türkische Flotte in der Seeschlacht bei Lepanto 1571.

Wer im tiefen Glauben den Rosenkranz täglich betet - und das ist der innige Wunsch der Gottesmutter -, erhält besondere Gnaden. Wenn ich meinen Beobachtungen und Erfahrungen glauben darf, dann sind es vor allem die Fähigkeiten der geistlichen Unterscheidung, der Erkenntnis, der mystischen Liebe zu Gott, des noch mehr Glaubenkönnens ...

Rosenkranzbeter rücken Jesus näher. Sie sind den Nichtbetern hinsichtlich ihrer mystischen Ader eine Nasenlänge voraus.

THEMA GEBET UND FRÖMMIGKEIT

Spricht die Bibel vom Gebet für Verstorbene?

Ja. Allerdings kommt diese Stelle nur einmal vor, und zwar im zweiten Buch der Makkabäer 12,41. Und ausgerechnet dieses Buch gehört zu den sogenannten apokryphen Büchern, die Luther aus der offiziellen Bibel bannte. Dennoch gibt uns diese Stelle einen nützlichen Hinweis auf den Sinn des Gebets für die Toten. Im Kampf der Makkabäer gegen die Idumäer gab es eine Menge Gefallener. Als die Soldaten heidnische Talismane bei den Gefallenen fanden, verrichteten sie Gebete für sie, damit Gott ihren heidnischen Aberglauben vergebe. Also glaubte man schon damals an eine Auferstehung und an die Notwendigkeit einer Läuterung nach dem Tod (Fegefeuer). Man ging davon aus, dass die Gebete und Opfer der Lebenden den Toten nützen würden.

Alle Völker kennen Gebete für die Toten. Da die Verstorbenen nichts mehr für sich selbst tun können, sind sie auf die Gebete der Lebenden angewiesen, vorausgesetzt, sie sind im Zustand der Schuld gestorben. Und genau das ahnten die Makkabäer.

Die katholische Kirche betet in allen Messen für die Verstorbenen: als Fürbitte vor Beginn der Gabenbereitung und innerhalb des Hochgebets (Kanon). Wenn nun Jesus selbst keine Andeutung gemacht hat, für die Toten zu beten, so erscheint diese Fürsprache doch sinnvoll und ist auch verankert im Wissen aller Religionen. Es ist nicht immer klug, sich nur auf das zu beschränken, was Jesus selber gesagt hat, und das als unbedeutend fernzuhalten, was er nicht gesagt hat. Viele religiöse Ausdrucksformen sind nicht direkt biblisch ausgesprochen, sondern im moralischen Gewissen und Wissen des Volkes gewachsen. Auch dort weht der Geist Gottes.

Das Heil hängt nicht davon ab, ob einer für die Toten betet oder nicht. Wenn er jedoch selbst ins Reich der Toten gelangt ist, könnte es sein, dass er froh ist um die Gebete seiner Hinterbliebenen. Eines kann man klar sagen: Falsch ist es nicht.

THEMA GEBET UND FRÖMMIGKEIT

47 Ist das Anrufen von Heiligen Spiritismus?

Nein. Ich bediene mich ja nicht irgendeines Mediums, um die Verstorbenen herbei zu zitieren. Auch versetze ich mich nicht in Trance oder benutze die Planchette (kl. Brett auf Rollen, das mittels eines unten angebrachten Stiftes schreibt), noch missbrauche ich die gerufenen Geister, um neugierige Fragen zu stellen. Denn all das wäre Spiritismus und ist verboten (vgl. Deut 18,10ff). Ich bitte die Heiligen um Beistand und Fürsprache in schwierigen Situationen. Dahinter steht die Erfahrung, dass die Gemeinschaft aller Menschen nach dem Tod nicht aufhört und dass jene, die bei Gott sind, die Geschwister auf Erden nicht im Stich lassen.

Gottes Heiligkeit strahlt auf die Erwählten aus. Es ist ein Unterschied, ob ich mit Hilfe fragwüdiger Techniken (Ouija-Brett, Tischchen rücken, Channeling, Astralwanderung...) eine Verbindung zu Verstorbenen suche, oder ob ich die Fürsprache derer erbitte, die - bildlich gesehen - vor Gottes Thron stehen.

In der Geschichte der Menschheit gibt es unzählige Beispiele für diese himmlische Anwaltschaft. Natürlich kann ich mich direkt an Gott wenden. Ich brauche nicht zwingend irgendeine Zwischeninstanz. Auch zu Lebzeiten Jesu gab es solche, die sich vertrauensvoll an die Jünger Jesu wandten, um zum Meister vorgelassen zu werden, und solche, die sich direkt an ihn wandten. Sogar Petrus bat den Lieblingsjünger Johannes, sich an den Herrn zu wenden, um ihn nach dem Verräter zu fragen (Joh 13,22ff).

Spiritistische Praktiken, die alles dransetzen, mit Verstorbenen in Kontakt zu treten, werden niemals Heilige herbeizitieren können; denn diese kommen nur im Auftrag Gottes und nicht auf Kommando. Und es bleibt auch sehr die Frage, ob jene Geister, die man ruft, tatsächlich die Gerufenen sind. Hier können sich dämonische Gaukeleien abspielen, um die Menschen zu verwirren und an sich zu binden. Solches Tun hat noch keinem geholfen, eher geschadet. Wo es sich hingegen um Gebete handelt, also um Bitten an die erlösten Seelen im Himmel, die sie vor Gott tragen mögen, zeigen sich gute Früchte.

Das Anrufen von Heiligen mit der Bitte um Füsprache bei Gott ist ein typisch katholisches Eigengut und nicht verpflichtend.

THEMA GEBET UND FRÖMMIGKEIT

Gibt es auch protestantische oder islamische Heilige?

Natürlich haben alle Religionen ihre Heiligen, also Seelen, die bei Gott sind. Aber nur die katholische Kirche kennt die Praxis, Verstorbene aufgrund ihres vorbildlichen Lebens heilig zu sprechen und sie somit zu offiziellen Vorbildern zu machen. Letztlich sind alle heilig, die in der Anschauung Gottes leben, unabhängig davon, ob sie zu Erdenzeiten protestantisch, katholisch, hinduistisch, buddhistisch, jüdisch oder sonst was waren. Wer immer nach seinem Gewissen und nach den Geboten seiner Religion, vor allem die Liebe lebt, die Versöhnung praktiziert, ein einwandfrei sittliches Verhalten zeigt, darf zu den Heiligen gezählt werden. Nach dem paulinischen Verständnis sind alle Getauften heilig, d.h. Gott gehörend. Wenn die katholische Kirche jemanden in den Stand der Seligen oder Heiligen erhebt (Kanonisierung), dann geht sie über den paulinischen Begriff hinaus. Sie betont die im Leben des Betreffenden herausragende Frömmigkeit, Praxis der Barmherzigkeit, Askese und andere Tugenden, die oft in langen Prozessen geprüft und durch wunderbare Gebetserhörungen bezeugt werden müssen.

Alle Religionen kennen die Verehrung herausragender Mitglieder ihres Glaubens; so gelten ihre Religionsstifter als verehrungswürdig. Die Moslems nennen ihre Heiligen „Marabus", die Buddhisten „Bodhisattvas" (=Erleuchtete), die Hindus „Yogis". Im Unterschied zu den Katholiken gibt es jedoch bei ihnen keine intensive Prüfung des Lebens dieser Menschen.

Martin Luther hatte keine Bedenken gegen die Verehrung der Heiligen, konnte sich aber nicht für deren Rolle als Vermittler und Fürsprecher erwärmen. Grund für seine distanzierte Haltung war das damals überwuchernde Reliquien- und Ablasswesen sowie die Ablenkung der Frömmigkeit von der Gestalt Jesu Christi. Calvin hat im Namen des alttestamentlichen Bilderverbots die Kirchen gestürmt und Heiligenbilder zerstört. Doch nicht alle Lutheraner haben diese extreme Haltung mitvollzogen. Es gibt einen evangelischen Namenskalender.

Die Heiligenverehrung ist seit dem 2. Jahrhundert bezeugt (Märtyrerkalender).

Wäre z.B. Gandhi katholisch gewesen, wäre er jetzt sicher „zur Ehre der Altäre" erhoben.

THEMA GEBET UND FRÖMMIGKEIT

49 Muss ich jeden Sonntag zur Kirche?

Wer so fragt, denkt gesetzlich. Es ist ein Gebot der katholischen Kirche, an den Sonn- und kirchlichen Feiertagen die hl. Messe zu besuchen. Wer es nicht kann, weil er Fürsorgepflichten hat (Kranke oder Kinder betreuen), weil er selber nicht gut drauf ist oder weil widrige Umstände es nicht erlauben, z.B. glatte Straßen, zu weite Entfernung u.a., ist natürlich nicht dazu verpflichtet. Wenn er jedoch nur aus Bequemlichkeit und aus einer Laune heraus nicht geht, macht er sich schuldig. Das heißt: Er schuldet seinem Gott diesen Tribut, der von der Heiligung des Sabbats sprach. Dabei geht es also nicht um die Kirche oder um den Pfarrer oder gar um die Leute, sondern nur um Gott, der diese minimale Gebetszeit in der Gemeinschaft der Gläubigen (=Kirche) einfordert.

Wer liebt, tut es. Er fragt nicht nach dem Gesetz. Es ist stets das Maß der Liebe, welches das Tun bestimmt. Keiner wird die Frage nach dem Muss stellen, wenn er den beschwerlichen Weg zum Krankenhaus zurücklegt, um einen kranken Freund zu besuchen. Er tut es, weil er ihn liebt. Und wenn er es heute nicht tut, dann morgen oder übermorgen. Gott wird gewiss nicht auf den Paragraphen pochen, wenn jemand aus subjektiv wichtigen Gründen seine „Sonntagspflicht" nicht erfüllt, dafür aber mal einen Abendgottesdienst unter der Woche besucht.

Es wäre auch wenig sinnvoll, an einer „Pflichtmesse" teilzunehmen - ohne persönliche Hingabe an Gott, ohne wirkliches Gedenken an Gottes Größe. Solche Gesetzesfrömmigkeit will Gott nicht.

Die Kirchen sind leer geworden, weil der Glaube geschwunden ist. Auch fehlt die Liebe. Dass immer mehr Betriebe sonntags arbeiten und vielen so „den siebten Tag als Ruhetag" vorenthalten, gilt weniger als persönliche Verfehlung. Es ist eine strukturelle Sünde, die langfristig auf den Menschen und seine spirituelle Kultur schädigend zurückschlägt.

Die Christen haben im Vergleich zu den anderen großen Religionen die großzügigsten Gebote. Wenn man die strengen jüdischen Sabbatregeln, die fünfmaligen Gebets- und Reinigungszeiten der Moslems oder die umständlichen und ausführlichen Vorschriften der asiatischen Religionen kennt, dann kann man unserem Gott für seine Großzügigkeit nur dankbar sein.

THEMA GEBET UND FRÖMMIGKEIT

Weihwasser, Medaillen, Reliquien – wozu?

Der Vollzug heiliger Handlungen (Liturgie) umfasst Gebete, Segnungen und Gegenstände – wie beispielsweise gesegnetes Wasser, Kerzen, Kreuze, Weihrauch, Bilder, Medaillen u.a. Solche Gegenstände gehören zu den Sakramentalien; sie dienen der christlichen Alltagsbewältigung insofern, als sie sichtbare Zeichen der göttlichen Liebe sind. Der rechte Gebrauch ist stets verbunden mit dem Vertrauen auf Gottes Barmherzigkeit; Ziel ist es, Gott zu loben, ihm zu danken und seine Zuwendung zu erbitten.

Es gibt immer wieder auch magisch verstandenen Missbrauch, nämlich dann, wenn einer eine Chistophorus-Plakette im Auto anbringt, um sich eine unfallfreie Fahrt zu sichern. Die Grauzone zwischen rechtem und falschem Gebrauch ist breit. Wer sich ein Benediktuskreuz um seinen Hals hängt, ist nicht automatisch befreit von dämonischen Attacken (vgl. das Klischee vom Knoblauch als Waffe gegen Dracula). Solche Objekte sind zum einen Ausdruck meines besonderen Glaubens an die Wirkung heiliger Zeichen, zum anderen Hinweise auf meine Sehnsucht nach Geborgenheit und Schutz. Nicht das Zeichen wirkt, sondern die Gnade, die Gott dem schenkt, der dieses Zeichen im Vertrauen nutzt.

Die ersten biblisch bezeugten Sakramentalien waren das Schweißtuch des Paulus und sogar der Schatten des Petrus; der Kontakt mit ihnen heilte viele Kranke (Apg 19,12 und 5,15). Heute hat sich weltweit die Wundertätige Medaille durchgesetzt, die auf Bitten der Gottesmutter von der hl. Cathérine Labouré 1830 in Paris geprägt wurde. Regelmäßig gibt es Heilungs- und Bekehrungsberichte von glaubwürdigen Zeugen im Zusammenhang mit solchen Sakramentalien. Im Glaubensvollzug darf man den Wert solcher Erfahrungen nicht unterbewerten.

So erfahren immer wieder bedrängte Menschen Befreiung von ihren Leiden, wenn sie im Glauben an die Macht Gottes ihre Häuser mit Weihwasser segnen, geweihte Kerzen anzünden oder Gegenstände benutzen, die von Heiligen stammen (Reliquien). Ich selbst habe oft erlebt, wie heftig dämonisch geplagte Menschen auf die Reliquie (ein 4 qmm kleines Stoffstück) des hl. Pfarrers von Ars reagierten, wenn ich sie ihnen unauffällig auf den Kopf legte.

THEMA PAPSTTUM

51 Hat Jesus einen Papst gewollt?

Die besondere Stellung des Bischofs von Rom als „Vater" (=Papst) und als „Brückenbauer" (Pontifex) beruht auf dem Wort Jesu an Petrus: „Du bist Petrus, der Fels, und auf diesen Felsen will ich meine Kirche bauen ..." (Mt 16,18) Er gab ihm den Auftrag, die Schafe und Lämmer zu weiden (Joh 21,15ff) und die Brüder im Glauben zu stärken (Lk 22,32). Sehr früh schon begann sich die Vorrangstellung Petri herauszuschälen und die Gewissheit, dass die von Christus verliehende Vollmacht nach dem Tod des ersten Stellvertreters Christi auf Erden auf seine Nachfolger in Rom überging (vgl. Apostelkonzil, bei dem Petrus entschied).

Die Synode von Rom bekräftigte im Jahr 382 den Primat des Papstes, dem sowohl der Patriarch Nikephoros von Konstantinopel 787 auf dem Konzil von Nizäa als auch Karl der Große zustimmten.

Für mich steht außer Zweifel, dass Jesus seine Leitungsvollmacht auf Petrus übertrug und somit auch eine hierarchische Struktur wollte. Durch Gebet und Handauflegung gaben die Apostel, die man als erste Bischöfe bezeichnen darf, die Weihevollmacht weiter. Dadurch dass Rom eine zentrale Stellung einnahm, auch verbindliche Anweisungen geben konnte (etwa die Klärung des Osterfesttermins im Jahr 352), war die Einheit der Lehre gewahrt. „Und die Pforten der Finsternis werden sie nicht überwältigen", sagt Jesus. Damals schon gab es Laienhelfer, darunter Frauen; es gab Diakone, Gemeindeleiter, Älteste (Presbyter=Priester), Bischöfe und über allen den Bischof von Rom.

Die heutige Struktur ist gewiss reformbedürftig im Sinn einer personellen Abspeckung; da ist zu viel Bürokratie und zu viel weltliches Management. Die Formen müssen geändert werden, nicht die Lehren. Manchen mag die hierarchische Struktur stören; doch hat sie sich über 2.000 Jahre lang bewährt. Überall dort, wo es keine übergeordneten Verbindlichkeiten gibt, beobachten wir einen Zerfall der Strukturen, einen Alleingang der verschiedenen Gemeinden sogar in der Auslegung der Schrift (z.B. bei den Freikirchen). Auch die katholische Kirche kennt demokratische Elemente (Abstimmungen zu Personal- und Formalentscheidungen); sie kann aber nicht über die von Jesus verkündete Lehre abstimmen lassen. Darüber wacht Rom. Und Rom ist ewig. Sagt man.

THEMA PAPSTTUM

Gab es eine Päpstin Johanna?

Nein. Diese Fabel spukte lange Zeit in der Geschichte herum. Begonnen hat sie im 13. Jahrhundert, wo man nach dem Tod Leos IV eine Päpstin Johanna erwähnte. In der Chronik des Martin von Troppau wird ein Mainzer Mädchen genannt, das in Athen studierte, sich als Mann verkleidete und nach Rom kam, wo es aufgrund seiner Gelehrsamkeit als Johannes Anglicus zum Papst gewählt wurde. Nach zwei Jahren Regierungszeit sei sie schwanger geworden, gestorben und begraben worden. Diese Legende wurde lange Zeit geglaubt und als böswillige Waffe gegen katholische Kirche und Papsttum benutzt. Doch ist sie längst als unhaltbar erwiesen worden.

Auf den Tod Leos IV folgte Benedikt III (855-858). Eine Gegenpartei des Kaisers wollte den Kardinalpriester Anastasius zum Papst erheben; dieser Mann war von Leo IV seines Amtes enthoben worden, stand aber unter dem Schutz Ludwigs II. Das Ränkespiel ging aus wie das Hornberger Schießen, weil das Volk zu Benedikt hielt. Später unter Nikolaus I. wurde Anastasius rehabilitiert und war dann eine Zeitlang päpstlicher Berater.

Immer wieder gab es Versuche von Geschichtsfälschungen und Verunglimpfungen.

In der Abfolge der päpstlichen Regierungszeiten existieren keine Lücken, die für irgendwelche dubiosen Personen Platz hätten; wohl gab es während des Abendländischen Schismas (=Kirchenteilung) mehrere Gegenpäpste gleichzeitig. Papst Johannes Paul II ist der 265. Nachfolger Petri. Die genaue Zählung ist nicht klar, weil bei manchen Namen offen bleiben muss, ob sie den Päpsten oder Gegenpäpsten zuzurechnen sind. Da sind die Umstände der Wahl nicht geklärt, Protokolle fehlen und manches ging im Tumult weltlicher Einmischung unter. Insgesamt gab es 3o4 Päpste, einschließlich der zu Unrecht Gewählten.

THEMA PAPSTTUM

Weshalb gab es Gegenpäpste?

Nachdem auf Bonifaz VIII 1303 ein Attentat verübt worden war, verlagerte sein unter französischem Einfluss gewählter Nachfolger Clemens V die Residenz nach Avignon (Avignonisches Exil). Im Lauf der Zeit wuchs eine ungute Verflechtung der Kirche mit der europäischen Staatenwelt, wobei Papsttum und Monarchie an Ansehen verloren. Als Gregor XI - inzwischen wieder in Rom residierend - starb, zwangen die Römer die Kardinäle zur Wahl eines italienischen Nachfolgers; ein antifranzösisches Klima war offenkundig. Sie wählten Urban VI, der sich jedoch größenwahnsinnig gebärdete, sodass am Geisteszustand gezweifelt wurde. Man forderte ihn zur Abdankung auf und wählte anschließend Robert von Genf, der sich Clemens VII nannte. Dieser aber war wiederum von Frankreich abhängig, denn er war ein Verwandter des französischen Königs Karl V. So kehrte er nach Avignon zurück.

In Rom hingegen blieben jetzt der verrückte Urban VI und dessen Nachfolger Bonifaz IX zurück; somit gab es plötzlich zwei Päpste. Frankreich, Schottland, Irland und die spanischen Königreiche erkannten Clemens in Avignon an, während England, die mittel- und oberitalienischen Staaten sowie Portugal zu Urban hielten. Die Spaltung durchzog auch die Ordensgemeinschaften, ja selbst Pfarreien und Bistümer.

Höhepunkt des Schismas war die Synode von Pisa (1409), auf der die Kardinäle Alexander V zu ihrem rechtmäßigen Papst wählten und die beiden anderen schlichtweg ignorierten. Jetzt gab es drei Päpste. Das Durcheinander war perfekt und sollte nun endgültig in Konstanz geklärt werden. Kurzerhand wurden dann in Konstanz 1417 die inzwischen gewählten Nachfolger der beiden Gegenpäpste, nämlich Gregor XII und Benedikt XIII, abgesetzt und Martin V. zum rechtmäßigen Papst erhoben. Das ging tatsächlich 22 Jahre gut, bis dann das zweite Schisma vor den römischen Pforten stand. Doch mit weiteren Details über das neue Schisma will ich Sie verschonen.

THEMA PAPSTTUM

Wie ist der Vatikanstaat aufgebaut?

1989 wurde die Kurie (=Hof) neu geordnet. Der Papst als Patriarch des Abendlandes, Primas von Italien und Metropolit der Kirchenprovinz von Rom hat über 150 Kardinäle als Helfer. Ganz oben steht das Staatssekretariat; es folgen neun Kongregationen, von denen die Kongregation für die Glaubenslehre an der Spitze steht (zuständig ist Kardinal Ratzinger). Weitere Kongregationen kümmern sich um die Orientalischen Kirchen, um Gottesdienste, Heiligsprechungsprozesse, Ordensleute, Bischöfe, Klerus, Evangelisierung der Völker und um das kath. Bildungswesen. Hier stehen Kurienkardinäle vor, ähnlich den Ministerien in einem weltlichen Staat.

Drei Gerichtshöfe befassen sich mit Fragen des Gewissensbereichs, mit Verwaltungs- und Rechtsschutz, mit Nichtigkeitserklärungen von Ehen (Römische Rota).

Zwölf päpstliche Räte kümmern sich um die Laien, die Einheit der Christen, die Familien, um Gerechtigkeit und Frieden, Fürsorge, um Einwanderer, Kranke, um die Auslegung von Gesetzestexten, um den Dialog innerhalb der Religionen, um die Nichtglaubenden, um die Kultur und die sozialen Kommunikationsmittel.

Es gibt drei Büros: die Apostolische Kammer, die Verwaltung der päpstlichen Güter, die Präfektur für die wirtschaftlichen Angelegenheiten des hl. Stuhls.

Und schließlich gibt es noch 16 Institutionen für alles Mögliche: Geheimarchiv, Bibliothek, Druckerei, Radio Vatikan, Verlag, Fernsehzentrum, Dombauhütte, Übersetzungszentrum, Pressesaal, Wohltätigkeitsdienst u.a.

Die Schweizergarde besteht aus ca. 80 ledigen Männern zwischen 18 und 25 Jahren (nur Offiziere können heiraten), vornehmlich aus den Kantonen Zürich und Luzern. Ihre rot-gelb-blauen Trachten haben die Hausfarben der Medici-Päpste.

Durchschnittlich 2.300 Mitarbeiter beziehen vom Vatikan ihren Lohn, darunter ca. 900 Rentner.

Seit 1179 wählen die Kardinäle den Papst; mit dem 80. Lebensjahr erlischt diese Wahlberechtigung. Der Papst ist auf Lebenszeit gewählt, kann aber durch eigene Entscheidung abdanken.

THEMA PAPSTTUM

Kann ein Papst unfehlbar sein?

Er ist nicht allwissend, nicht frei von Sünden, und er kann sich irren, wenn er privat eine theologische Ansicht vertritt. Als das Erste Vatikanische Konzil 1870 verkündete, der Papst könne nicht irren, wenn er als oberster Hirte und Lehrer eine Glaubens- und Sittenlehre als von der ganzen (katholischen) Kirche festzuhalten definiere, gab es einen Aufschrei unter vielen Katholiken. Einige spalteten sich ab und nannten sich Altkatholiken. Doch gründet die kühne Aussage von der Irrtumslosigkeit im Fall einer Verkündigung „ex cathedra", also einer verbindlichen Glaubensaussage (Dogma), auf dem versprochenen göttlichen Beistand. Entweder glaube ich diese Zusage oder nicht.

Es gab auch schlechte Päpste; seltsam ist nur, dass sie in Glaubensfragen keine falschen Entscheidungen getroffen haben. Seit der Verkündigung dieses so oft missverstandenen Unfehlbarkeitsdogmas hat die katholische Kirche nur einmal davon Gebrauch gemacht: Papst Pius XII verkündete 1950 feierlich die Aufnahme Mariens in den Himmel, nachdem er sich vorher durch eine Befragung der Bischöfe überzeugt hatte, dass diese Wahrheit kirchliche Überzeugung war und bleibt.

Der Stein des Anstoßes bildet der amtliche und autoritativ verbindliche Charakter der Aussage. Eine solche Erzwingbarkeit des Glaubens schränkt die Freiheit des Glaubenden ein, so die Kritiker. Doch ist zu bedenken, dass der Gehorsam wiederum ein Akt des freiwilligen Glaubens ist. Mit anderen Worten: Wer bereit ist, dem Wirken des Hl. Geistes zu glauben - gemäß der Zusage Jesu -, kann die feierliche Lehraussage als vom Geist Gottes inspiriert annehmen.

Die moderne Kritik am Dogma wurzelt zunächst in der Skepsis, das Wirken des Hl. Geistes in diesem Zusammenhang zu akzeptieren; dann auch im Verständnis von Freiheit. Nur ungern lässt sich der „aufgeklärte" Mensch von oben etwas diktieren; er rebelliert im Namen der Mündigkeit oder Freiheit oder Toleranz und glaubt nicht, dass das Petrusamt ein von Gott eingesetztes Amt ist, nicht von Menschen, und dass auch der Papst selber gebunden ist an die Weisungen Jesu. Trotz aller Fehler und Sünden, die man Vertretern der katholischen Kirche anlasten kann, ist diese nicht untergegangen. Das mag uns erstaunen. Doch Jesus hat auch ihr seinen Beistand zugesichert. Wer es fassen kann, der fasse es.

THEMA PAPSTTUM

Was wollte Martin Luther?

Er wollte nicht das, was später geworden ist. Ausgangspunkt seiner Kritik war zunächst einmal der verkommene Ablasshandel, der den Bußernst gefährdete. Mit Geld oder guten Werken kann man sich nicht das Heil erwerben. In seinen 95 Thesen hat er keine Reformation beansprucht. Er wollte die Bibel als allein verbindliches Wort und lehnte die Autorität des Papstes ab; damit handelte er sich die Exkommunikation ein, was seine heftige Polemik gegen das Papsttum erklärt. Er sah im Papst den Antichrist, zweifellos eine überzogene Attacke, die sich nur aus seinen Verletzungen erklären lässt. Nun muss man wissen, dass Luther ein sehr gewissenhafter Mensch war und infolge der Erziehung große Angst vor einer möglichen Verfehlung seines Lebens hatte. Er suchte den gnädigen Gott. Nie wollte er eine eigene Kirche gründen; er wollte die bestehende entrümpeln.

So ließ er nur noch das Wort der Bibel gelten (sola scriptura) und nicht dogmatische Lehren des Papstes; er sah die Rechtfertigung des Sünders allein in der Gnade, die Gott ihm schenkt (sola gratia), nicht in dessen Werken; und er erkannte, dass der Mensch allein durch den Glauben und nicht durch Werke frei wird (sola fide).

Martin Luther war ein glühender Marienverehrer; nicht ihm, sondern Calvin verdanken die Protestanten den Wegfall der Marienverehrung. Auch entfielen die Anrufungen der Heiligen. Luther anerkannte nur noch die Taufe und das Abendmahl als Sakramente, weil bei ihnen Wort und Zeichen vorhanden waren. Was die Gegenwart Christi im Brot betrifft, so glaubte Luther stets daran. Zwingli sah darin nur eine symbolische Bedeutung: Die Kirche ist bloße Dienerin der Verkündigung des Evangeliums; deshalb gibt es auch keine Weihen, sondern nur Beauftragungen bzw. Entsendungen von Pfarrern und Pfarrerinnen. So bekamen die beiden Streit.

Die lutherisch-protestantische Kirche ist nicht ganz so geworden, wie Luther sie haben wollte; und sicher gibt es auch Entwicklungen in der katholischen Kirche, die Jesus nicht wollte. Die Einheit zwischen beiden wird kommen. Das ist so gewiss wie das Amen in beiden Kirchen.

THEMA PAPSTTUM

Wie war das mit der Inquisition?

Als im Mittelalter die Verbreitung der sog. Häresien (Irrlehren) durch die Waldenser und Katharer zunahm, entschlossen sich Staat wie Kirche zu Gegenmaßnahmen. Zunächst wurde der Betreffende exkommuniziert, d.h. aus der Gesellschaft ausgeschlossen, wenn er nicht widerrief. König Robert der Fromme ließ 1022 zu Orléans die ersten ketzerischen Domherren verbrennen; er setzte sich gegen die Kirche durch, die mit der Tötung von Ketzern nicht einverstanden war. Friedrich II war der Meinung, dass jeder sich gegen die kaiserliche Gewalt auflehnt, der sich von der Kirche trennt, und machte den Kampf gegen die Häretiker zum weltlichen Gesetz.

Als Gregor IX das seiner Ansicht nach zu lasche Vorgehen der Bischöfe gegen die Ketzer bemerkte, beauftragte er 1231 die Dominikaner und Franziskaner mit dieser Tätigkeit. Jetzt begann die eigentliche Inquisition=Nachforschung. Das Gefährliche dabei war die zugesicherte Anonymität der Denunzianten; so war Tür und Tor geöffnet für private Rachefeldzüge. Die so verratenen Ketzer konnten widerrufen; dann war die Angelegenheit mit einer nachfolgenden Kirchenbuße behoben. Bei Verweigerung der Abschwörung folgte die Auslieferung an die weltliche Macht zur Vollstreckung der Todesstrafe.

Die Unmöglichkeit einer fairen Verteidigung sowie die Tendenz, Geständnisse auch durch Zwangsmittel zu erzielen, machten die Inquisition zu einem mörderischen Instrument. Es gab schwerwiegende Fälle, in denen die Inquisition zum Werkzeug politischer Interessen gemacht wurde. So wurde der Templerorden vernichtet, Jeanne d'Arc hingerichtet.

Man muss dieses rigorose Verhalten aus der Zeit heraus verstehen; selbst Martin Luther hat zur Verfolgung der Wiedertäufer und anderer Schwarmgeister mit dem Schwert aufgerufen. Calvin richtete Ketzer hin, ebenso handelte Maria die Katholische (span. Königin). Die im 16. Jahrhundert aufkommende Hexenverfolgung ist vor allem ein Auswuchs der Dämonenlehre des Thomas v. Aquin. Erst der Jesuit Friedrich Spee von Langenfeld deckte das ganze Spitzelsystem auf und erreichte ein Ende dieser theologischen und psychologischen Verirrung.

THEMA ORDEN
58
Was versteht man unter einem Orden?

In der Umgangssprache werden religiöse Gemeinschaften ohne Unterschied „Orden" genannt. Das trifft aber nur auf wenige, meist alte und traditionelle Gemeinschaften zu. Die eigentlichen Orden haben eine eigene Spiritualität ausgebildet, eigene Regeln; sie legen die drei klassischen Gelübde der Armut, Ehelosigkeit und des Gehorsams ab, pflegen das mehrmalige gemeinsame Gebet, gestalten ihr Leben zur Ehre Gottes und haben sich entweder ein zurückgezogenes Leben mit Betrachtung und Gebet ausgesucht (kontemplative Orden) oder einen Einsatz am Kranken (caritative Orden), in Schulen und Universitäten (Lehrorden), in den allgemeinen praktischen Anliegen der Seelsorge (apostolische Gemeinschaften) oder/und in der weltweiten Evangelisation (Missionsorden). Heute sind viele Orden in mehreren Bereichen tätig. Es gibt Überschneidungen und Kooperationen.

Die Jesuiten, Pallottiner und die Weißen Väter beispielsweise sind rechtlich betrachtet keine Orden, sondern religiöse Männergemeinschaften. Ihre Mitglieder legen keine Gelübde ab, sondern Versprechen; sie haben keine monastische Hausordnung, sondern eine eher lockere Tagesordnung; sie bleiben nicht ihr Leben lang im selben Haus, sondern können je nach Einsatz und Bedarf wechseln.

In neuerer Zeit entstanden Säkularinstitute, also Gemeinschaften mit Versprechen, oft aber ohne Ordenskleid und ohne Gemeinschaftsbindung. Andere wiederum haben sich Habits zugelegt als äußeres Erkennungsmerkmal, wie die Gemeinschaft der Seligpreisungen, Gemeinschaft der gekreuzigten und auferstandenen Liebe und Cenacolo in Medjugorje.

Bruder- und Schwesternschaften haben in der Geschichte aller Religionen eine entscheidende Rolle gespielt. Zunächst gab es nur das altkirchliche Mönchtum, das sich in Eremiten (Einsiedler), Koinobiten (in Gemeinschaft Lebende) und Wandermönche aufgliederte. Erst 908 kam es in Cluny zu Verbandsgründungen und zu organisierten Gemeinschaften.

Auch die Buddhisten pflegen noch heute das Mönchtum (Bettelorden) mit strengen Regeln und harten Aufnahmebedingungen. Im Islam gibt es die Bruderschaft der Derwische (pers. Bettler), die über 100 Gruppierungen kennt.

THEMA ORDEN

Wie wird man Mitglied eines Ordens?

Zunächst einmal muss einer die Berufung zum Ordensleben verspüren. Wäre der Eintritt nur eine Flucht vor den Problemen der Welt oder Folge der inständigen Bitte von Tante Luise, bekäme er bald Probleme mit sich und dem Orden. Heute unterziehen die Gemeinschaften ihre „Bewerber" strengen Prüfungen. Viele verlangen ein polizeiliches, psychologisches, medizinisches Gutachten, auch eine Stellungnahme des betreffenden Pfarrers. Dann erfolgt eine Einführungszeit von einigen Wochen (Postulat), anschließend beginnt die ein- bis dreijährige Zeit des Noviziats; währenddessen findet auch die feierliche Einkleidung statt, bei der der Novize sein Gelübde oder Versprechen (Profess) ablegt, die Regeln der Gemeinschaft zu leben. Dann folgt das Studium, eine Ausbildung oder der direkte Einsatz innerhalb der Gemeinschaft.

Während früher die meisten jungen Männer und Frauen nach ihrer Schullaufbahn bzw. nach dem Abitur ins Kloster gingen, kommen heute die meisten einige Jahre später. Sie haben bereits einen Beruf erlernt und ausgeübt, verspürten aber immer deutlicher den Ruf zum Ordensleben. Manchmal können sie sogar ihren Beruf weiter ausüben, wenn dies in die Konzeption der Ordensgemeinschaft passt. Ich selbst bin erst mit 47 Jahren als Psychotherapeut eingetreten und übe diesen Beruf immer noch aus.

Manche Orden haben eine sogenannte stabilitas loci, d.h. sie bleiben das ganze Leben lang am selben Ort, z.B. die Benediktiner(innen) und die Karmeliter (Karmelitinnen). Andere kennen Versetzungen und Ortswechsel, je nachdem, was gerade vom Einsatz her erforderlich ist.

Natürlich haben die Patres, Brüder und Schwestern Urlaubszeiten, Taschengeld, Freizeiten. Die Klosterpforte schlägt hinter ihnen nicht unerbittlich zu; jeder kann seinen Verpflichtungen nachgehen. Und wer ein Auto braucht oder einen PC, bekommt es. (Ich bekam wegen meiner Länge zuerst einmal ein 2,20 m-Bett und einen großen Schreibtischsessel. Schließlich wollte man mich nicht leiden sehen.)

Und wer es partout nicht mehr aushält, kriegt Sonderurlaub. Und wenn er wirklich die Gemeinschaft verlassen will, kann er gehen. Niemand zwingt ihn zu etwas. Und ein Übergangsgeld zur Existenzgründung kriegt er auch.

THEMA ORDEN

60
Welche bekannten Orden gibt es und was machen sie?

Die Benediktiner (Ordenskürzel hinter dem Namen: OSB) sind die Ältesten. Sie leisten wichtige Kultur-, Bildungs- und Missionsarbeit. In Deutschland gibt es 28 Niederlassungen (Abteien und Priorate); vom weiblichen Zweig gibt es ebenfalls 28 Klöster (Stand 2000).

Ihnen folgen zahlenmäßig die Franziskaner (OFM). Sie leisten eine intensive Predigt- und Seelsorgtätigkeit, auch an den Universitäten; aus ihnen gingen die Kapuziner hervor, die Klarissen sowie der Dritte Orden, ein Laienverband. Der weibliche Zweig ist vor allem in der Kranken- und Altenseelsorge tätig, auch in der Jugend- und Bildungsarbeit.

Die Jesuiten (SJ) bilden derzeit die drittstärkste Gemeinschaft (kein Orden) in Deutschland. Sie sind in Bildungseinrichtungen tätig, bei Exerzitien, in der Jugendarbeit.

Die Pallottiner/innen (SAC) stehen zahlenmäßig gerade noch an vierter Stelle. Sie sind eigentlich kein Orden im rechtlichen Sinne, sondern eine apostolische Gemeinschaft; sie ist in aller Welt tätig, in der Seelsorge und Jugendarbeit, in Schule und Pfarrei.

Die Salesianer (SDB) sind eine Kongregation aus Priestern und Laien im Dienst des sozialen Jugendwerks und im Presseapostolat. Der weibliche Zweig ist älter und geht auf Franz v. Sales zurück, nicht auf Don Bosco; sie sind karitativ tätig.

Die Karmeliter/innen (OCD) leben ein zurückgezogenes Dasein in Gebet und Betrachtung; den Unterhalt verdienen sie sich durch Gästebetreuung, durch Herstellung von liturgischen Gewändern (Paramente) und - wie einige andere Gemeinschaften auch - durch den berühmten Klosterlikör.

Die Dominikaner/innen (OP) sind ein Lehrorden (Prediger), der sich für eine gediegene Ausbildung einsetzt. Die Barmherzigen Brüder bzw. Schwestern zeichnen sich aus durch ihre rege Aktivität in der Armen- und Krankenpflege.

Zu erwähnen sind noch die Redemptoristen (CSSR) in Sachen Volksmission, die Ursulinen (OSU) für Schulen und Internate sowie die Zisterzienser (Ocist), die sich als Ableger der Benediktiner dem Erziehungsapostolat widmen.

Entgegen den Gerüchten sind die Weihenstephaner in München-Freising kein Orden, sondern im Brauwesen und in der Landschaftspflege Tätige.

THEMA ORDEN

Gehören Malteser, Johanniter & Deutschorden dazu?

Im klassischen Ordenssinn nicht; dennoch haben sie den Status als päpstlich anerkannte Orden mit dem Ziel, sich caritativen Aufgaben zu widmen.

Im 11. Jahrhundert pflegten Ritter in einem Johannis-Hospital in Jerusalem die Kranken und die Verwundeten; daraus entstand eine eigene Gemeinschaft, die 1154 als Johanniter-Orden anerkannt wurde. Mitglieder waren Ritter und Priester. Aufgrund der militärischen Funktionen wurden später die Priester von den höheren Ämtern ausgeschlossen. Die Johanniter beteiligten sich an den Kreuzzügen gegen die Muslime, die Osmanen und die Türken und wichen 1530 nach Malta aus, das ihnen Karl V übertrug. Nachdem sie Malta verloren hatten (1800 ging die Insel in englischen Besitz über), entstanden die Malteser-Gemeinschaften, die mit den Johannitern zusammen bis heute sozial-caritative Tätigkeiten ausüben.

Die Malteser unterhalten zu 43 Ländern diplomatische Beziehungen. Ihr Sitz ist in Rom. 1953 wurde der Malteser-Hilfsdienst gegründet, eine Hilfsgemeinschaft im Sinn der Genfer Konventionen.

Während des dritten Kreuzzugs (1190) wurde die Hospitalbruderschaft der Lübecker und Bremer Bürger in einen Ritterorden verwandelt und von den staufischen Königen unterstützt. Er kämpfte gegen die Heiden und pflegte verwundete Soldaten. Mitglieder waren Ritter (Adlige) sowie Priester und Ordensleute. Der Deutsche Orden wurde später in einen klerikalen Orden umgewandelt, blieb aber lange Zeit noch der Aufgabe verpflichtet, im Hl. Land und auch in anderen Ländern die Ungläubigen zu bekehren und nebenbei Territorien zu gewinnen. Die meisten Hochmeister kamen aus dem Haus Habsburg. Heute residiert der Deutsche Orden im oberbayerischen Weyarn (Provinzialat) unter dem Namen Deutschordens-Priester.

THEMA ORDEN

Gibt es auch evangelische Ordensgemeinschaften?

Ja. Eine Menge sogar, wenn auch nicht in dem Sinn, wie sich die klassischen katholischen Orden verstehen; man nennt sie besser religiöse Kommunitäten oder Lebensgemeinschaften. Es gibt 22 Bruder- bzw. Schwesterngemeinschaften, 18 Lebensgemeinschaften. Von ihnen leben 140 Männer und 600 Frauen zölibatär (Stand 2000), die übrigen in Familienverbänden. Unter ihnen sind die Evangelischen Marienschwestern mit 20 Mitgliedern wohl die Bekanntesten. Sie haben ihren Sitz in Darmstadt; ihnen angeschlossen sind die Dornenkranzschwestern und die Kanaan-Franziskus-Bruderschaft.

Dann gibt es die Christusbruderschaft (mit Schwestern) in Selbitz und Falkenstein, die Jesus-Bruderschaft in Hünfelden (mit Familien), die den Präsenz-Verlag innehaben und den Nehemia-Hof in Gnadenthal betreuen. Die evangelischen Räte (Armut, Gehorsam, Ehelosigkeit) sind nicht verpflichtend.

Es ist schwer, gemeinsame Merkmale zu finden: Die einen leben kontemplativ mit Stundengebeten (Michaelsbruderschaft Kloster Kirchberg in Sulz/Neckar und die Kommunität Casteller Ring, eine Frauengemeinschaft in Schloss Schwanberg/Rödelsee); andere sind pietistisch geprägt und aus Erweckungsbewegungen entstanden: Evangelische Marienschwesternschaft in Darmstadt, die Kommunität Adelshofen in Eppingen, die Christusträger-Bruderschaft mit Schwestern in Bensheim-Auerbach. Im Schloss Craheim in Stadtlauringen wohnt die Lebensgemeinschaft für die Einheit der Christen (Familien und einige Schwestern).

Taizé, allen bekannt durch ihren Begründer und Prior Roger Schutz, ist das ökumenische Zentrum in Burgund, das alljährlich Tausende von jungen Menschen anzieht. Hier leben Brüder und Schwestern in einem klosterähnlichen Verband zusammen, ganz im Dienst der Einheit unter den Christen.

Ebenfalls der Ökumene verpflichtet ist die Kreuzbruderschaft mit Sitz in Ottmaring bei Friedberg.

THEMA ORDEN

Wie arm oder reich ist das Mitglied eines Ordens?

Wer vom Klostereintritt eines jungen Menschen hört, ist vielleicht erstaunt über dessen Entscheidung und mag ihn ob seines Mutes bewundern. Immer aber taucht die Frage nach dem Loslassen auf: Wie wenig oder wie viel hat er im Kloster? Kann er Urlaub machen? Darf er abends mal raus in die Stadt? Muss er für alles um Erlaubnis bitten? Wie früh muss er morgens aufstehen? Und wie oft muss er beten?

Da gibt es die schauerlichsten Gerüchte. Es ist ganz einfach: Jedes Mitglied erhält monatlich einen bestimmten Betrag an Taschen- bzw. Wirtschaftsgeld; das bewegt sich zwischen 50 und 200 DM. (Viele Ordensschwestern erhalten leider gar kein Taschengeld.) Wenn er mehr braucht und nicht gerade bei Tiffany oder Jil Sanders einkauft, bekommt er es. Darüber hinaus gibt es natürlich Urlaub und Urlaubsgeld. Allerdings geht man davon aus, dass er eine bescheidene Hütte aufsucht und nicht unbedingt ins Hilton nach Hawaii will. Die versprochene Armut bewegt sich nicht an der unteren Existenzgrenze, wohl aber im Rahmen einer zumutbaren Bescheidenheit.

Und wer aufgrund seiner Tätigkeit einen PC braucht, kriegt ihn. Mancher bringt ihn bereits ins Kloster mit; das kommt den Orden natürlich billiger. Deshalb rate ich jedem, der einen Ordensberuf gewählt hat, vorher nicht alles zu verkaufen oder wegzugeben. Manches wird er noch brauchen. (Ich habe das nämlich gemacht und musste nachträglich wieder einiges besorgen.)

In manchen nichtmonastischen Gemeinschaften, z.B. bei den Pallottinern, ist es gestattet, ein eigenes Konto zu führen, auch erben zu dürfen. Meist stammt das Geld aus der Zeit vor dem Eintritt in die Gemeinschaft und darf behalten werden. Hier sollte aber ein Testament die spätere Verwendung klären, sonst gibt`s Ärger.

Und selbstverständlich kann er ins Kino oder Theater gehen, ein Bier trinken (oder zwei), Bücher kaufen, mal ausschlafen oder sich für ein paar Tage zurückziehen.

Beten? Aber sicher doch! Dreimal am Tag bei uns, fünfmal am Tag bei den echten Mönchen. Es darf ruhig mehr sein. Doch manchmal sind die Tage so vollgestopft mit Arbeit (oder Telefonaten), dass man nicht immer zeitig zum gemeinsamen Gebet kommt. Das sollte aber nicht zur Regel werden.

THEMA ORDEN

64 Ist der Zölibat von Jesus gewollt?

Jesus hat die Ehelosigkeit des Priesters nicht ausdrücklich gefordert. Wenn Mönche oder Ordensleute, die in Gemeinschaft leben, diese Lebensform wählen, sind sie an die Ehelosigkeit gebunden. Bei Weltpriestern muss das nicht zwingend so sein. Jesus hat verheiratete Männer wie Petrus berufen; und es ist nicht klar, ob und wie weit Petrus nach dieser Berufung noch ehelichen Verkehr hatte. Darüber schweigt die Bibel. Andererseits rief Jesus die interessierten jungen Männer zur Radikalität auf und verhieß dem ewiges Leben, der seine Frau um der Nachfolge willen verlassen hat (Lk 18,29f).

Der Zölibat wurde von der Kirche ab dem 4. Jahrhundert praktiziert. Erst Innozenz II erklärte 1139 die heiligen Weihen zum Ehehindernis für Bischöfe, Priester und Diakone.

Gegner werfen ein, dass ehelos lebende Männer sozial verkümmern. Dieser Vorwurf trifft höchstens auf jene zu, die ohnehin Kontaktprobleme haben und von daher wohl auch kaum bindungsfähig sind. Es kann vorkommen, dass im Lauf eines zölibatären Lebens die Sehnsucht nach einer Partnerschaft wächst, weil die Lebensgestaltung einseitig wird, funktional abläuft. Stress und Frust lassen das Alleinsein zur Einsamkeit werden. Da flüchtet mancher in Ersatzbefriedigungen, die zweifellos in einer ehelichen Gemeinschaft aufgefangen werden könnten. Es zeigt sich jedoch, dass die späten Ehen ehemaliger Priester nicht besser und beständiger verlaufen als die der anderen. Hinzu kommt die Erfahrung der verheirateten evangelischen Pfarrer: Sie weisen darauf hin, dass die Familie viel Zeit beansprucht und die Seelsorge dann gelegentlich zu kurz kommt.

Es gibt also plausible Gründe für den Zölibat. Andererseits nehmen die verheirateten Priester, die aus der anglikanischen Kirche konvertieren, zu. Wir haben also zwei Lebensformen im Klerus. Selbst angesichts des Priestermangels will der Papst die Zügel nicht lockern. Er wird seine guten Gründen haben und wohl ahnen, dass bessere Zeiten für die katholische Kirche kommen werden. Ich persönlich halte es für wichtig, den Zölibat aus Solidarität mit denen zu leben, die aufgrund widriger Umstände zur Ehelosigkeit gezwungen sind.

Die Ehelosigkeit um des Himmelreiches Willen wird es immer geben (vgl. Mt 19,1ff).

THEMA SEKTEN
Was sind Sekten?

Das Wort stammt vom lat. sequi=folgen oder von secare=abtrennen. Sekten sind von der Großkirche abgetrennte Gruppen, die einer Führerpersönlichkeit folgen. Sie fühlen sich oft als Elite, pflegen enge Gemeinschaft und halten an besonderen Unterschieden fest. Ihre Führung ist von Einzelpersönlichkeiten bestimmt, die für sich in Anspruch nehmen, neben der Bibel noch andere Offenbarungen zu kennen, die allerdings keiner überprüft, und selbst ausschließlich das Heil zu vermitteln. Oftmals werben die Sekten (Straßenmission) und mitunter üben sie auf ihre Mitglieder starken Druck aus (Manipulation, Isolation). Ansprechpartner sind nicht selten glaubenslabile oder über die Kirchen verärgerte Menschen, aber auch suchende und einsame Leute, die in ihrer Großkirche keine Heimat gefunden haben.

Die christliche Lehre wird mit bibelfremden Eigengut ergänzt oder gar verfälscht. So ist für die Mormen das Buch Mormon verbindlich. Für die Zeugen Jehovas dient die Bibel als Grundlage von Weltuntergangsberechnungen. Man könnte die Sekten als Sondergruppen bezeichnen, ohne damit eine Abwertung auszudrücken.

Anziehend an ihnen sind für den Neuling die familiäre Atmosphäre, die Führerpersönlichkeit, die geringe Bürokratie (ausgenommen Scientology, die ihre Mitglieder mit einem Wust von Antragsformularen, Testbögen, Auswertungspapieren und Kontrollbögen erschlägt), die intensive Fürsorge und die sehr persönliche Spiritualität, falls es denn eine gibt. Später erst merkt so mancher, dass er ideologisch gefangen ist und kaum Möglichkeiten hat, da wieder herauszukommen.

Es zeigt sich bei einigen Sekten, dass untreu gewordene Mitglieder einer Verfolgung ausgesetzt sind und mit erheblichen Repressalien zu rechnen haben.

Einige Führer nehmen für sich eine generelle Unfehlbarkeit in Anspruch, da sie sich als Sprachrohre Gottes bezeichnen (Mun, Gaby Wittek, Berschtinger), und machen sich selber, nicht Christus zum Mittelpunkt der Gruppe.

Nicht alle Sekten schneiden in der Beurteilung ganz so schlecht ab. Es ist schwer, die verschiedenen Gruppen einzuordnen. Problematisch ist es immer dann, wenn christliches Gedankengut durch eigene Offenbarungen in den Hintergrund tritt.

THEMA SEKTEN

Welche Sekten sind gefährlich und warum?

Es gibt Hunderte von Sondergruppen. Ich nenne hier nur die in Deutschland bekanntesten und die aggressivsten; einige von ihnen führen Dauerprozesse gegen ehemalige Mitglieder, andere binden ihre Anhänger durch Angsterzeugung und Endzeiterwartungen an sich. Regelmäßig finden sich auch finanzielle Ausbeutung, verbale Indoktrination (Gehirnwäsche) und Verweigerung der Intimsphäre zwecks Kontrolle.

Gabriele Wittek (*1933) gibt sich als Prophetin aus und gründete das „Universelle Leben" (früher auch: Heimholungswerk Christi) mit Sitz in Würzburg. Ein Geist namens Emanuel spricht zu ihr, angeblich auch Jesus selber. Inzwischen ist ein grandioses Wirtschaftsunternehmen entstanden: mit Bioläden, Bauernhöfen, Kindergärten und Restaurants. Die Lehre ist ziemlich abstrus, beinhaltet Reinkarnation, Selbsterlösung und Endzeitkatastrophen. Es handelt sich um eine totalitäre Organisation mit absoluter Unterwerfung der Mitglieder.

Erika Bertschinger, genannt Uriella, tritt seit 1970 als Geistheilerin auf und bekommt Eingebungen aus dem Jenseits. Sie verkauft „himmlisches Athrumwasser" als Heilwasser und handelte sich mehrfach Prozesse wegen Betrugs ein. Sitz des „Ordens" Fiat Lux bzw. Gemeinschaft Lichtquell Bethanien ist Egg bei Zürich. Sie verlangt „Beugung unter den göttlichen Willen".

Die Zeugen Jehovas haben bereits siebenmal das Weltende berechnet, verbieten das Singen von Liedern, das Feiern von Festen, gewisse Sportarten, Bluttransfusionen, Vereinsmitgliedschaften und das Ausüben des Wahlrechts. Alles in allem: ziemlich langweilig. Wer die Gemeinschaft verlässt, muss mit Repressalien rechnen. Demokratische Willens- und Meinungsbildung wird vorenthalten.

Die Scientology-„Kirche", die keine ist und zahlreiche Tarnnamen hat, wurde 1954 begründet vom Sciencefiction-Autor Ron Hubbard. Sie hat das Ziel, Menschen rein („clear") zu machen mit Hilfe langweiliger und sehr teurer Kurse. Ihr Einfluss geht bis in die Wirtschaft und Politik hinein; ihre Devise lautet: „Mach Geld ..." Das System ist unüberschaubar, totalitär und entwürdigend.

THEMA SEKTEN

Wie soll man Sektierern begegnen?

Freundlich, aber bestimmt. Typische Straßenmissionare sind die Zeugen Jehovas, die mit dem „Wachtturm" und „Erwachet" in der Hand ihren vorgeschriebenen Straßeneinsatz absolvieren; die Scientologen, die den Passanten zu einem Clearing-Test überreden wollen; die Mormonen, die meist zu zweit und gut gepflegt ins Gespräch kommen wollen über Fragen des Glaubens; die Hare-Krishna-Bewegung, die in indischen Gewändern herumläuft, mit Glöckchen und Gebetsschnur, und dabei auch die Bücher ihrer Sekte verteilt; die Transzendentale Meditation, auch „Wissenschaft der kreativen Intelligenz" genannt, die in teuren TM-Kursen das Fliegen zu lehren vorgibt und aufwendige Broschüren und Zeitschriften (z.B. „Weltregierung aktuell") verteilt; die „Kinder Gottes" oder „Missionare für die Welt", die ihre Mitglieder zwecks Geldbeschaffung zum Flirty-fishing schicken (Prostitution) und eine starke sexuelle Promiskuität predigen. Andere Sekten benutzen öffentliche Vorträge, Workshops und religiöse Großveranstaltungen als Forum für ihre Werbung, sind also nicht als Einzelpersonen auf den Straßen tätig.

Der Laie wird kaum in der Lage sein, die Umtriebe und Praktiken solcher Gruppen zu durchschauen. Es ist nicht immer einfach, sich der Freundlichkeit und dem Charme, den manche Werber an den Tag legen, zu entziehen. Und man will ja nicht unhöflich sein. Dennoch ist es geraten, sich mit einem „Danke, aber ich möchte meinem Glauben treu bleiben." zu verabschieden und sich nicht in eine Diskussion einzulassen. Der durchschnittliche Christ, der sich in der Bibel und in Sachfragen des Glaubens nicht so gut auskennt, zöge den Kürzeren.

Wer sie in die Wohnung einlässt, muss mit weiteren Besuchen rechnen. Es wird erst unverbindliche Gespräche geben, dann Verteilung von Broschüren, schließlich Einladungen zu Versammlungen usw. Gleich zu Beginn ist es noch einfach, Klartext zu reden: „Ich bin katholischer/evangelischer Christ und will es auch bleiben. Respektieren Sie das bitte. Und ich wünsche keine Diskussion über Glaubensfragen." Auch Jesus hat nicht drauflos diskutiert. Er wusste, dass so etwas den Glauben oftmals nicht fördert, eher zerredet und verwischt.

THEMA SEKTEN

Wie steht es mit den Freimaurern?

Nicht gut. Die katholische Kirche hat bereits 1738 durch Papst Celemens XII die Freimaurerei verurteilt, und 1983 wurde noch einmal klargestellt, dass eine Mitgliedschaft von Christen bei den Freimaurern nicht statthaft sei. Warum?

1717 gründeten Londoner Bauhütten (engl. Lodges) die erste Großloge aus freien Steinmetzen. Ihr Ziel war es, zur alten Einfachheit der ursprünglichen Rituale zurückzukehren und durchaus humanistische Werte zu leben. Ihre Symbole sind Winkelmaß, Zirkel, Hammer, Kelle, Schurz. Über die Riten wird Schweigen bewahrt. Im Lauf der Jahre hat sich die Freimaurerei über die Welt ausgebreitet und ihre Ziele wurden immer deutlicher antikirchlich und antichristlich.

Wie uns ehemalige Freimaurer berichten, gibt es durchaus satanische Rituale in den obersten Führungsschichten, also etwa ab dem 30. Grad (es gibt 33 Grade). Der 19. Grad ist der „Hohepriester", der 24. der „Fürst des Tabernakels", der 31. der „Großinspektorinquisitor". Wer plaudert oder austritt, muss mit erheblichen Problemen rechnen, mitunter sogar mit Morddrohungen. In vielen Kirchen finden sich freimaurerische Embleme, die bewusst hinterlassen wurden. Damit will man die Menschen glauben machen, die Freimaurerei sei in jedem Fall eine religiöse und kirchlich gut gesinnte Gemeinschaft. Sie unterhält Wohlfahrtsanstalten, was jedoch die erheblichen Gegensätze zum christl. Glauben nicht verdecken kann: Relativismus, Antidogmatismus (ausgenommen die eigenen Dogmen), Deismus, Leugnung der Gottessohnschaft Jesu und aller göttl. Offenbarungen u.a.

Sie möchte die Kirchen schwächen, vor allem den Wert und das Geheimnis des Abendmahls im Glaubensgut der Christen zerstören (vgl. einen freimaurerischen Bericht in der kanad. Zeitschrift „Vers Demain" 1970: Wie kann man den Leuten den Glauben an die Gegenwart Christi austreiben?). Es ist möglich, dass die Mitglieder der unteren Grade von den tatsächlichen Zielen gar nichts wissen. Die Zeichen (Magisches Quadrat, Sechserquadrat, Würfel-, Kugel-, Gitter-, Haken- und Henkelkreuz, Merkursiegel, Glücksmagneten...) sind in allen satanischen Gruppen zu finden; zum Teil sind sie auch in manche Devotionalienläden gelangt. Das Ziel ist offenbar eine allmähliche Aufweichung christlicher Symbole.

THEMA SEKTEN

Was bedeutet Fundamentalismus?

Manche Leute sagen, wer an die leibliche Auferstehung Jesu glaube, sei ein Fundamentalist. Andere etikettieren damit Christen, die die Bibel wörtlich nehmen oder eine sehr rigorose, elitäre Glaubenspraxis leben. Wieder andere meinen, wer die Traditionen verteidigt und den Glauben frei halten möchte von liberalen, von der Lehre abweichenden Aussagen, sei fundamentalistisch. Wir sehen, der Begriff wird sehr unterschiedlich angewandt und oft genug auch falsch.

Fundamentum bedeutet Grundlage. Beim Fundamentalismus handelte es sich ursprünglich um die Glaubensströmung evangelischer Christen gegen den Liberalismus in Amerika. Sie wollten die Bibel als Grundlage des Glaubens ohne Wenn und Aber. Heute kann man jede religiöse oder politische Anschauung mit generellem Anspruch auf Unfehlbarkeit und mit einer gewissen Enge als fundamentalistisch bezeichnen. Wer die Hl. Schrift als Wort Gottes betrachtet und sich nach ihr ausrichtet, ohne alles wörtlich zu nehmen, ist gewiss kein Fundamentalist.

Der echte Fundamentalismus ist erkennbar am Festhalten der Verbalinspiration (alle biblischen Aussagen sind wörtlich zu nehmen), an der Erwartung des Weltendes durch Katastrophen und auch durch die Überbetonung von Privatoffenbarungen. Die an die leibliche Auferstehung Christi oder an die Jungfrauengeburt glauben, sind gewiss keine „Fundis" im negativen Sinne.

Hinter dem Fundamentalismus steckt eine Portion Unsicherheit und Angst, die nur durch Rigorismus und klare Abgrenzung bewältigt werden kann. Dieses angstbesetzte Streben nach Sicherheit entpuppt sich somit als Mangel an Gottvertrauen und sogar als Unfähigkeit zum Glauben; denn glauben meint ja immer auch etwas wagen. Unsichere Menschen suchen Sicherheit und Geborgenheit in einer Glaubensrichtung, die sehr abgegrenzt und vereinfacht dargestellt wird.

Das Christentum ist vom Wesen her plural, versöhnend und tolerant eingestellt; es vermag auch andere Kulturen und religiöse Ausdrucksformen zu integrieren. Das Wort Jesu „wer nicht gegen uns ist, ist für uns" (Mk 9,40) sollte Fundamentalisten zu denken geben.

THEMA SEKTEN

70. Dürfen Christen Kinder zur Waldorfschule schicken?

Eine heikle Sache. Viele Eltern argumentieren zugunsten der anthroposophischen Pädagogik nach Rudolf Steiner, weil ihre Kinder dort die christlichen Feste noch intensiv und mitreißend feiern können, weil kein Notendruck gemacht wird und weil biblische Geschichten eindrucksvoller behandelt werden als in so manchem konfessionellen Unterricht. Das klingt sehr ermutigend. Bei näherem Hinschauen jedoch offenbaren sich für den Kenner der christlichen Lehre erhebliche Mängel:

Die christlichen Feste werden ausschließlich im anthroposophischen Sinn gedeutet, so ist Weihnachten nicht die Geburt des göttlichen Sohnes, Ostern nicht die Auferstehung Jesu usw. Die biblischen Erzählungen stehen gleichberechtigt neben Märchen und Fabeln, neben Mythos und Sage. Immer geht es dabei um das Gedankengut und um das Weltbild des Rudolf Steiner. Und das ist alles andere als christlich.

Wenngleich auch immer wieder betont wird, man wolle keine Anthroposophen heranziehen und sei doch offen auch für das christliche Denken, so schauen die Konsequenzen anders aus. Wer jahrelang die Gedanken Rudolf Steiners einsaugt, auch ohne sie rational verstehen zu können, rückt immer weiter weg vom Glaubensgut seiner eigenen Familie bzw. Kirche. Man spricht von Maitreya statt von Jesus, man lehrt den zweifachen Jesus (den nathanischen und den salomonischen), entwirft ein pantheistisches Bild mit der Idee der Reinkarnation ... Es gibt keine Vergebung. Die Schüler nehmen auf, was Steiner lehrte, und halten dies für objektive Information. Selbst biologische und geschichtliche Vorgänge werden im anthroposophischen Verständnis gelehrt. Oft kommt den Eltern spät die Erkenntnis, dass hier etwas nicht stimmt. Wer seine Kinder christlich erziehen möchte und im Glaubensgut seiner Religion, kann sie nicht der Waldorfpädagogik anvertrauen, selbst wenn diese im Umgang mit den Schülern hinsichtlich Geduld und Festefeiern den anderen Schulen voraus ist.

Die christliche Alternative heißt: Montessori-Pädagogik. Sie kann es in allen Bereichen mit der Waldorfpädagogik aufnehmen. Ihr Vorzug: Sie vermittelt christliches Gedankengut, frei von Esoterik und Selbsterlösung.

THEMA SEKTEN

Warum ist Reiki abzulehnen?

Der japanische Mönch Mikao Usui (†1929) lehrte die Aktivierung von Symbolen, die eine Verbindung zur Lebensenergie herstellen. Es geht bei Rei-Ki (=Lebenskraft) um Heilung durch Handauflegung. Andere Begriffe für Reiki sind: Bioenergie, Prana, Odem, Orgon ...

Im Werbeprospekt heißt es: „Durch Reiki-Behandlungen werden unsere Selbstheilungskräfte aktiviert, unser Bewusstsein erweitert." Es wird betont, dass Reiki durch den Anwender fließt, sozusagen aus dem Kosmos abgezapft wird und die blockierten Energiezentren (Chakren) des Patienten öffnet. Durch eine Freisetzung der Ki-Energie im Lernenden (1. Grad) kann der Mensch heilen. Die Einweihung im 2. Grad soll mit Hilfe magischer Zeichen Fernheilungen bewirken, während der 3. Grad den Ausüber zum Lehrer macht. Das kostet viel Geld.

Die Reiki-Meister setzen unterschiedliche Techniken ein, z.B. Rebirthing, I Ging, Huna, Polarity u.a.

Der Kunde lernt verschiedene Handstellungen in Zuordnung auf Organe und Körperregionen. Dass dabei auch Heilungen eintreten, lässt sich unschwer dem Placebo-Effekt zuordnen; denn wirklich bleibende Heilungen von schweren Störungen sind bis heute nicht dokumentiert. Experimente an amerikanischen Universitätskliniken zeigten keine signifikanten (also beweiskräftigen) Erfolge. Die Heilungsquote der Reiki-Heiler war nicht größer als die Erfolgsquote der Studenten, die lediglich ihre Hände auflegten, ohne von Reiki zu wissen.

Ich hatte im Jahr 1999 fünf Patienten, die infolge ihrer Reiki-Praxis (sie befanden sich gerade im 1. bzw. 2. Grad) erhebliche Störungen im seelischen und geistlichen Bereich zeigten. „Ich bin gar nicht bei mir" war ihre stereotype Aussage. Nun muss das noch nichts beweisen; aber allein die Vermischung mit esoterischem Gedankengut (Reinkarnation, Selbsterlösung...) und die völlig Unabhängigkeit von Gott lassen Reiki nicht als christlich vertretbare Heilkunst erscheinen. Alle kirchlichen Beratungsstellen lehnen Reiki ab. Es hat mit Gott nichts zu tun. Und der Anspruch, sowohl Symptome als auch Ursachen der Störungen bei Menschen, Pflanzen und Tieren heilen zu können, zeugt kaum von Seriosität.

THEMA SEKTEN

Was sind Geistheiler?

Das ist nicht klar definiert. Die Deutsche Vereinigung für Geistheilung mit Sitz in Bonn geht davon aus, dass ihre Heiler von Engeln geführt werden, nicht von Verstorbenen, wie das bei den philippinischen Geistheilern der Fall ist. Die englische Vereinigung, gegründet von Harry Edwards, weiß sich von jenseitigen Ärzten geleitet und ist inzwischen auch in den Spiritismus abgerutscht. Die deutsche Sektion lehrt nicht offiziell die Reinkarnation, wenngleich auch viele ihrer Heiler daran glauben. Sie distanziert sich außerdem eindeutig von den Spiritisten, die Geister anrufen oder im Trance-Zustand offen werden für das Einsteigen von geistigen Wesen. Ich selbst war Zeuge einiger Heilungssitzungen bei der inzwischen verstorbenen Präsidentin der Deutschen Geistheiler und war beeindruckt über die Gebetsatmosphäre und über die liebevolle Behandlungsweise. Die Tätigkeit besteht im Auflegen der Hände in die gestörte Aura-Zone und im gleichzeitigen stillen Gebet. Das kann bis zu einer Stunde dauern. Manche Heiler können die Aura spüren oder sehen und an Hand ihrer Struktur den Grad der Krankheit erkennen. Tatsächlich gibt es dokumentierte Heilungserfolge.

Dass es die Aura (Strahlenfeld, Ausstrahlung) gibt, ist unbestritten. Sie lässt sich sogar mit der Kirlian-Hochfrequenz-Kamera filmen. Schwierig ist es, gute und seriöse Heiler zu finden, die echte Charismen haben und sich fernhalten von spiritistischen, magischen und rein esoterischen Praktiken. Wo der christliche Gott Adressat der Heilungsbitte ist, wo der Glaube an die Beteiligung von Heilungsengeln mitspielt, gibt es nichts einzuwenden. Selbst wenn der Heiler privat an die Reinkarnation glaubt, sehe ich keinen Grund zur Ablehnung seiner Arbeitsweise.

Wo immer aber Astralwanderungen, Besitzergreifung durch Geister oder magisches Brimborium eine Rolle spielen, heißt es: Finger weg.

Im Unterschied zu den Geistheilern praktizieren Anhänger der Charismatischen Erneuerung das handauflegende Gebet ohne Kenntnis irgendeiner Aura oder Energieblockade; sie tun es im Vertrauen auf Gottes Handeln. Ich rate, sich nicht jedem Heiler anzuvertrauen. Da bedarf es der Unterscheidungsgabe.

THEMA SEKTEN

Wer war Bruno Gröning?

Weil ich mehrmals im Jahr danach gefragt werde, will ich hier eine Antwort geben.

Gröning war Farbenvertreter, Kassierer einer Tanzdiele und Radiomechaniker. Er behauptete von sich, ein geborener Heiler zu sein. Aufgrund einiger tatsächlicher Heilungserfolge entwickelten sich Personenkult, Kommerzialisierung und leider auch eine Militanz der Anhänger, die vor Androhung einer „Ferntötung" kritischer Behördenvertreter nicht zurückschreckten. Gröning gab vor, in Kontakt mit guten Geistern zu stehen. Aber es schien eher so, dass er sich geschickt den natürlichen Krankheitsverlauf zunutze machte und auch seine durchaus vorhandene Menschenkenntnis einsetzte.

Selbsthypnose, suggestives Auftreten und die durch einige Erfolge hervorgerufene Erwartungshaltung des Publikums waren die günstigen Faktoren, die ihn zum charismatischen Heiler machten. Bei den Heilungen ist eine Veränderung der organischen Funktion nicht beobachtet worden; es handelte sich in fast allen Fällen um nervöse Erkrankungen, seelische Defekte und psychosomatische Störungen. Offenbar hat Gröning die Gunst der Stunde erkannt, d.h. den Zusammenhang von Seele und Leib, der bei den Ärzten seiner Zeit noch keineswegs als selbstverständlich erkannt wurde. Die Psychosomatik wurde erst durch Alexander Mitscherlich und Thure von Uexküll hoffähig gemacht.

Nun kann man bei aller kritischen Sichtweise eine gewisse Heilungsgabe auch denen nicht absprechen, die vornehmlich seelische und nicht-organische Erkrankungen aufheben können. Der so viel zitierte Placebo-Effekt (Menschen werden gesund aufgrund ihrer Erwartungshaltung) ist schwerlich nachzuweisen und spielt wohl bei sehr vielen Heilungsprozessen eine unterstützende Rolle. Es muss auch anerkannt werden, wenn jemand diese Selbstheilungskräfte im anderen mobilisieren kann. Und sei es nur aufgrund suggestiver Worte. Ich halte es für eine verkürzte Sichtweise, stets nur den als echten Heiler zu akzeptieren, der organische Krankeiten beseitigen kann. Heutzutage gibt es mehr seelisch Gestörte. Wie froh wären wir da über Personen, die sie per Suggestion gesund machen könnten, so wie es der Hamburger Kaufmann Westphal war, der 1949 nach einem Gespräch mit Gröning sein Asthma verlor.

THEMA OKKULTISMUS
74
Was versteht man unter Okkultismus?

Vom Wort her bedeutet okkult=verborgen, geheim. Gemeint sind naturgesetzlich nicht erklärbare Vorgänge aus dem Bereich des Paranormalen, des Übersinnlichen. Der Begriff will nicht bewerten, also nichts aussagen über die moralische bzw. geistliche Qualität der verborgenen Vorgänge. In letzter Zeit aber wird er - besonders bei ängstlichen oder falsch informierten Christen - gleichgesetzt mit dem Begriff „dämonisch". Sie wittern hinter allen unerklärbaren Phänomenen die Wirkmacht des Bösen. Aus dieser Sicht werden sämtliche außerchristlichen Therapie- und Meditationsformen abgelehnt (etwa Yoga, Tai-Chi, Autogenes Training...), die Benutzung von Pendel oder Wünschelrute infrage gestellt, aber auch die Homöopathie als okkultes Handeln missverstanden.

Hellsehen, Gedankenlesen, Bilokation (gleichzeitige Anwesenheit an zwei Orten), Penetration (Durchdringen einer Materie), Levitation (Schweben), Astralwanderung (Aussteigen aus dem Körper) sind beispielsweise okkulte Vorgänge. Wo jenseitige Wesen angerufen werden, spricht man von Spiritismus. Wo besondere Gaben des Hl. Geistes vorliegen, etwa Gabe der Erkenntnis, der Prophetie, der Unterscheidung, der Heilung, des Schwebens ..., spricht man von Charismen. Äußerlich mögen sich die rein okkulten und die charismatischen, ja sogar die dämonischen Gaben ähneln. Denn Satan äfft Gottes Gaben nach. Da bedarf es der Unterscheidung und auch der Fachkenntnisse.

Wer alle geheimnisvollen Phänomene dieser Art den dämonischen Mächten zuteilt, betreibt eine unstatthafte Dämo-Kratie und verkürzt die Schöpfungsphantasie Gottes. Man muss stets den Zusammenhang solcher Vorgänge sehen, z.B. den geistlichen Hintergrund der okkult tätigen Person, ihre Absichten, ihr Welt- und Gottesbild.

Ich kenne christlich praktizierende Personen, die nächtliche Besuche von Seelen Verstorbener bekommen. Andere haben die besondere Gabe, Warzen „wegzubeten", wieder andere haben nur Erfolg bei Schmerzen; ein Arzt sieht die Aura und weiß um den seelischen Zustand der betreffenden Person; wieder ein anderer erkennt die Krankheitsursachen. Dies alles ist „okkult", muss aber mit irgendwelchen bösen Mächten nichts zu tun haben.

THEMA OKKULTISMUS

Was hat es mit dem 6. und 7. Buch Mose auf sich?

Kürzlich fand ich in einer christlichen Buchhandlung im Bereich „Esoterik" das 6. und 7. Buch Mose. Mein Hinweis, ein solches Buch gehöre nicht in einen christlichen Buchladen, wurde abgeschmettert mit der Bemerkung: „Das mag schon sein, aber wir werden immer wieder danach gefragt." Na dann: Gute Nacht, christliches Deutschland.

Mose hat mit diesem Produkt nichts zu tun. Findige und bösartige Menschen des 16. Jahrhunderts haben hier alte Zauberformeln gesammelt, die im 19. Jahrhundert ergänzt wurden durch Anweisungen für Rache-, Fruchtbarkeits- und Krankheitszauber. Ekelerregende Praktiken sind ebenso beschrieben wie absurde Zauberriten. Auch finden sich darin genaue Rezepte zur Bekämpfung von Kirche und Geistlichen, selbst Anweisungen für Ferntötungen.

Naive Käufer könnten glauben, hier stünden Rezepte drin zur Bekämpfung von bösen Hexen und teuflischen Attacken. Es ist aber umgekehrt. Wer zu lesen beginnt, wird gleich mit der ersten Lüge konfrontiert: „Wer hat nicht schon von den geheimnisvollen Büchern Moses gehört? Das Buch der größten, wundersamsten Geheimnisse zur Erlangung von Glück und irdischen Gütern. Uralte Rezepte und Hausmittel verheißen ewige Jugend, Schönheit, Fruchtbarkeit und geben Hinweise gegen Krankheit und Gebrechen bei Mensch und Tier." Hatte nicht die alte Schlange schon früher einmal - zur Zeit Adams - so verlogen gesäuselt?

Es gibt sogar „fromme Flüche". Das sind negative Auswirkungen von religiösen Menschen, die neidisch auf andere, habsüchtig oder eifersüchtig sind und infolge einer starken affektiven Übertragung Schaden zufügen können, ohne eine direkt böse Absicht zu haben. Oftmals werden solche negativen Empfindungen mit Freundlichkeit kaschiert. Dennoch können sie bei sensiblen Personen andocken.

Es ist möglich, dass schon die intensive Beschäftigung mit magischen Büchern wie dem 7. Buch Mose zu massiven Störungen beim Leser führen kann. Es gibt Fälle, in denen bereits die Gegenwart solcher Objekte unangenehm war (ohne davon zu wissen); erst ihre Vernichtung brachte wieder Ruhe.

THEMA OKKULTISMUS
76
Gibt es Geister?

Auch wenn Sie es nicht glauben können, es gibt sie. Unsere Welt besteht nicht nur aus sichtbaren und messbaren Elementen. Alle Religionen lehren die Existenz guter und böser Geister. Jesus selbst spricht davon. Die Erfahrungen vieler (auch zunächst skeptischer) Menschen können nicht einfach übersehen werden. In letzter Zeit boomt der Büchermarkt mit Zeugnissen von Engelbegegnungen; auch die über 400 Priester, die im Befreiungsdienst der Kirchen in Europa tätig sind, wissen davon einiges zu erzählen.

Man unterscheidet die von Gott geschaffenen Engel und die Seelen Verstorbener, die erscheinen können. Protestantische Pfarrer wie Christoph Blumhardt kämpften gegen dämonische Wesen, ebenso der hl. Pfarrer von Ars. Vielen sind die Toten erschienen, auch Thomas Mann berichtet aus eigener Erfahrung davon.

Parapsychologen versuchen, Begegnungen „der dritten Art" unterschiedlich zu deuten. So könnten ihrer Meinung nach Suggestionen vorliegen oder Vorgänge im Gehirn des Betreffenden; sie sprechen auch von Psi-Aktivitäten, von Abspaltung psychischer Energie; sogar Gruppenbewusstsein und Energieumwandlung müssen als Erklärungen herhalten. Das alles kann es durchaus geben. Und dennoch bleibt ein Rest des Unerforschbaren, das sich dem Experiment und dem rationalen Auge entzieht.

Wer meint, der Geisterglaube sei ein Relikt mittelalterlicher Unkenntnis, irrt sich. Schon die Physik kennt das Gesetz der Umwandlung: Nichts geht verloren; es wird nur umgewandelt. Auch wir Menschen leben weiter nach dem Tod. Zur Erdenzeit stehen uns Engel zur Seite: Schutzengel, Kampfengel, Heilungsengel ... Auch können wir die anerkannten und gut bezeugten Erscheinungen solcher Wesen nicht einfach vom Tisch fegen; es sei denn, die Angst vor der Möglichkeit einer solchen unfassbaren Wirklichkeit ist zu groß. Weshalb aber sollten wir Angst haben? Ist es nicht vielmehr beruhigend zu wissen, dass Gott uns unsichtbare Helfer zur Seite stellt, die gegen die bösen Mächte kämpfen? Und zwar erfolgreich.

Selbst verkopfte Typen ahnen bisweilen etwas von der Existenz geistiger Wesen; zu vieles im Leben bleibt geheimnisvoll ...

THEMA OKKULTISMUS

Ist Gläserrücken gefährlich?

Ich rate ab, weil es manchen gefährlich wurde. Wer mit Freunden zusammen die Geister rufen möchte und dies mit Hilfe eines umgestülpten Glases (oder anderer Hilfsmittel) tut, muss nicht meinen, dass die gerufenen Geister wirklich kommen. Und sollte einer kommen, wird es kaum der sein, für den er sich ausgibt. Hier sind viele Täuschungen möglich. In meiner therapeutischen Praxis fanden sich etliche Opfer dieser spiritistischen Freizeitgestaltung.

Fundamentalistische Christen glauben, dass hinter solchen Praktiken prinzipiell der Teufel selber steckt. Da bin ich anderer Auffassung. Viel eher spielt hier die eigene Psyche einen Streich. Bevor ich den Teufel bemühe, schaue ich mir die seelischen Strukturen der „Geistbeschwörer" an. Junge Menschen sind noch sehr beeinflussbar, besonders in der Atmosphäre der eigenen Gruppe. Auch labile, gespaltene Persönlichkeiten sind erst einmal Opfer ihrer eigenen Phantasie und Wunschvorstellung.

Es fällt auf, dass bei solchen Sitzungen recht dümmliche Fragen an den vermeintlichen Geist gestellt werden, Fragen, deren Antwort mindestens einer schon kennt, z.B.: Wo liegt der Garagenschlüssel? Was für ein Auto kauft sich Peter demnächst? Wie geht es dir? Unschwer zu erkennen, dass das Glas unbewusst auf die richtige Antwort geführt wird. Eine Schülerin fragte nach ihrem Todestag und erhielt ein konkretes, in 14 Tagen fälliges Datum. Daraufhin brach sie zusammen und kam in die Psychiatrie. Anschließend zu mir. In der Anamnese stellt sich heraus, dass dies der Todestag ihres verunglückten Freundes ist. Offenbar war sie mit dem Tod ihres Freundes selbst ein Stück gestorben; das Datum war in ihrem Unterbewusstsein fixiert. Dass nicht ein Geist, sondern sie selber die Antwort gab, wollte sie zunächst nicht glauben.

Ich kenne keinen einzigen Fall, in dem dieses spiritistische Fragespiel wirkliche Hilfe oder brauchbare Einsichten in das Jenseits vermittelt hätte. Ich kenne hingegen viele Fälle, die unglücklich endeten. Natürlich ist nicht auszuschließen, dass hie und da tatsächlich geistige Wesen reinschleichen und sich die Teilnehmer erhebliche Störungen zuziehen können. Wer regelmäßig betet und Gottvertrauen hat, braucht sich nicht diesen götzendienerischen Praktiken zuzuwenden.

THEMA OKKULTISMUS

Was sagt die Bibel zu solch okkulten Praktiken?

Sie ist selbstverständlich dagegen. Gott selber nennt solches Tun „Götzendienst" und stellt harte Konsequenzen in Aussicht. Im 5. Buch Mose (Deuteronomium 18,10ff) warnt Gott Mose: „Niemand finde sich, der seinen Sohn oder seine Tochter durchs Feuer gehen lässt, der Wahrsagerei, Zeichendeuterei, Geheimkünste, Zauberei vornimmt, der Totengeister und Wahrsagegeister befragt, die Verstorbenen um Auskunft angeht. Wer dies tut, ist mir ein Greuel." Und bei Jesaja 8,22 heißt es: „Er wird Not erleiden, Finsternis und angstvolles Dunkel."

Der Esoterikmarkt boomt überall dort, wo der Glaube an Gott nicht tragfähig ist und vermischt wird mit Versatzstücken. Der abergläubische Mensch glaubt nicht an nichts; er glaubt am Ende an alles, auch an Lügen.

Paulus verbietet dem Wahrsagegeist zu sprechen und handelt sich dafür die Verfolgung der betreffenden Familie ein, die davon lebt (Apg 16,16ff); Simon, der Magier, will die Gabe der Heilung von den Aposteln abkaufen und wird dafür von ihnen hart gerügt (Apg 8,9ff); in Ephesus verbrennen die Neubekehrten haufenweise okkulte Bücher im Wert von 50.000 Silbergroschen (Apg 19,19). Saul befragt die Hexe von En-Dor, die den toten Samuel rief, damit er Auskunft geben solle in militärischen Belangen. Zur Strafe für dieses Misstrauen Gott gegenüber fiel Saul in der Schlacht gegen die Philister in sein eigenes Schwert (1. Sam 31,1ff). Zu den verbotenen okkulten Praktiken gehören: alle Handlungen, die darauf zielen, Auskünfte über seine Zukunft zu erhalten; Totenbeschwörungen; alle Handlungen mit der Absicht, sich Glück zu verschaffen oder seinem Gegner Schaden zuzufügen, also Wodu, Hexerei, Kettenbriefe, Blutsverschreibungen, Liebes- und Abwehrzauber, magischer Fetischismus, Verfluchungen und Verwünschungen.

Die Sünde besteht hier im Misstrauen der göttlichen Führung gegenüber und in der Hinwendung zu Ersatzgöttern, von denen ich mehr erhoffe und raschere Hilfe zu erhalten meine als von Gott. Die Folgen sind fatal: Abhängigkeit, Angst, weitere Absicherungsversuche gegen Unglück, Selbstzerstörung, Depressionen, Selbstmordphantasien.

Selbstverständlich hat die Illusion des Bauchredens und der Bühnenzauberei (Gaukelei) nichts mit Okkultismus zu tun.

THEMA OKKULTISMUS
Steht das Schicksal in den Sternen?

Nein. Auch wenn es immer wieder gern geglaubt wird. Für 1992 gab es bei 50 Vorhersagen keinen einzigen Treffer (Münchener Merkur, 30.12.92), für 1999 gab es ebenfalls nur Nieten (Süddeutsche Zeitung, Jan. 2000). Das, was wirklich geschah, wurde nicht genannt. Und was die Horoskope in der Boulevardpresse betrifft, so braucht man über deren Lächerlichkeit kein Wort zu verlieren. Sie sind so allgemein formuliert, dass immer irgendetwas zutrifft, wenn ich es nur lang genug suche.

Ich habe 1993 bei einer astrologischen Firma acht verschiedene Horoskope von mir in Auftrag gegeben, also chinesisches, indianisches, indisches, atlantisches, kabbalistisches Horoskop einschließlich Karma-Horoskop u.a. Das Resultat war keine Offenbarung. Teilweise widersprüchliche Aussagen vermischten sich mit allgemeinen Bemerkungen über meinen Charakter. Richtig waren viele Aussagen zu meinen spezifischen Fähigkeiten. Insgesamt war es das Geld nicht wert.

Wo seriöse Astrologen Lebensberatung anbieten und nicht künftige Ereignisse in sibyllinischer Manier präsentieren, ist aus christlicher Sicht weniger einzuwenden. Allerdings rate ich ab, weil kaum einer die Grenzen kennt und unterscheiden kann.

Wegen der Präzessionsbewegung der Erdachse hat sich das ganze Sternbild-System verschoben. Das ignorieren die Horoskop-Ersteller weitgehend, da sie ihre Informationen aus uralten Ephemeriden (mehrere Bücher mit vorausberechneten Positionen und Konstellationen der Gestirne) holen. Wer heute meint, er sei ein „Krebs", ist in Wahrheit ein „Zwilling". Und warum sollten zwölf kleine Sterngruppen am Himmel bedeutender sein als viele Milliarden andere Sterne? Der Kritiker Couderec schickte 200 Personen die absolut gleiche Sternenanalyse zu. Sie bedankten sich für die Treffsicherheit.

Ich verrate Ihnen jetzt, ganz im Vertrauen, Ihre persönliche Zukunft: Sie haben einen feindselig gestimmten Bekannten, der seinen Neid jedoch geschickt tarnt. Achten Sie darauf und begegnen Sie ihm freundlich. Ihre Gesundheit wird gegen Jahresende einen Einbruch erleiden, doch Sie meistern dies mit Bravour. Die schlechte Nachricht: Ihr Leben wird tödlich enden.

THEMA OKKULTISMUS
Ist weiße Magie okay?

Nein. Magie, ob schwarz oder weiß, bleibt Magie. Die weiße will angeblich nur das Gute für den Menschen und bedient sich beispielsweise des „Besprechens", das der Heilung oder der Unglücksabwehr dienen soll. Sie hat mit Gott nichts zu tun; denn hier werden gewisse Geheimsprüche in Verbindung mit vorgeschriebenen Handlungen benutzt, wobei nicht einmal der Glaube der Beteiligten gefordert ist. Magie will mittels bestimmter Praktiken jenseitige Mächte rufen oder auch unmittelbar auf die Adressaten einwirken, ohne dass eine geistige Disposition verlangt wird. Sie muss funktionieren, was Gott natürlich nicht tut.

Der Glaube hingegen verlässt sich auf Gott und ist nicht an gewisse geheim zu haltende Sprüche gebunden. Hier wirkt Gott selber durch die Gnade des Glaubens.

Was der Christ Gott anvertraut, das vertraut der Magier irgendwelchen geistigen Mächten an. Während Gott souverän handelt und keineswegs auf Kommando, gebunden an magische Formeln funktioniert, erwartet der Magier die gewünschte Reaktion aufgrund eigener Leistungen, gekoppelt mit verschiedenen Opfergaben und penetrant wirkenden Wiederholungen seiner Sprüche. Rein äußerlich können sich beide Formen ähneln. Es kommt auf das Motiv an, auf den Adressaten (Gott oder wer?). Aberglaube und Magie äffen liturgische Rituale der Kirchen oft nach.

Die therapeutische und geistliche Erfahrung zeigt immer wieder, wie sehr sich sowohl die Magier als auch ihre Kunden gravierende Störungen zuziehen. Im Jahr 1999 erhielt ich über 200 Anfragen von unterschiedlich gläubigen Personen, die meinten, infolge solcher Kontakte Krankheiten diffuser Art bekommen zu haben. Bei einem kleinen Teil der Patienten war dies tatsächlich der Fall. Besorgte Anrufe kommen aus ganz Deutschland und Österreich. Darunter finden sich auch unbedarfte Leute, die im guten Glauben an die positive Kraft der weißen Magie als „Gesundbeter" tätig sind und plötzlich von seltsamen Störungen und Blockaden befallen werden. Mir scheint, es bedarf einer vernünftigen Aufklärung und einer christlichen Katechese, um solche religiösen Fehlverhaltensweisen einzudämmen.

THEMA OKKULTISMUS

Wie problematisch ist der Gebrauch eines Pendels?

Das Pendel ist nicht das Problem. Der Benutzer kann es sein, d.h. seine Motive, sein dahinter steckendes Gottesbild, seine persönliche Glaubenspraxis. Jeder, der über alles und jedes pendelt, um irgendetwas herauszufinden, ist abzulehnen. Die Übertreibung ist immer fatal. Er macht sich abhängig und verliert schließlich das Vertrauen in das Leben selber.

Wer über Fotos, Organe und beliebige Objekte das Pendel schwingt, um Prognosen zu stellen, bewegt sich in einem fragwürdigen Rahmen. Kann das Stück Eisen am Bindfaden die Zukunft spüren? Wer deutet hier die Bewegungen (Richtung, Tempo)? Wer sagt mir, wie sie zu deuten sind? Hier spielen suggestive Erwartungen eine größere Rolle, als wir vielleicht vermuten.

Wenn jedoch jemand dieses Pendel als „Antenne" benutzt, als „Seismograph" seiner intuitiven Gabe, und er ausschließlich diagnostisch arbeitet, kann ich mich damit abfinden. Es gibt genügend Beispiele, in denen Pendler oder Wünschelrutengänger (Radiästhesisten) irdische Störfelder, Wasseradern, Strahlenkreuzungen, Krankheiten und anderes gefühlt haben und helfen konnten. Wie viele Mönche verdanken ihre Brunnen diesen Fähigkeiten! Wie viele Menschen können besser schlafen, nachdem die Störfelder erkannt und gemieden wurden!

Wir dürfen nicht das Kind mit dem Bade ausschütten und unterschiedslos das Pendel verurteilen.

Es gibt aber u.U. auch die seltene Mischung von hellseherischer Gabe und Pendelgebrauch. Solch sensible Menschen brauchen das Pendel als Empfangsgerät für feinste Schwingungen; mitunter nehmen sie ein Foto in die Hand und ertasten nähere Informationen. Dies gehört in den Bereich der Paranormalität und sollte stets im Kontext des Gebets (Anrufung des Hl. Geistes, Bitte um Schutz vor Betrug und Täuschung) geschehen. Auch wenn ein Arzt über die Medikamenten pendelt, muss man ihn nicht ablehnen. Vielleicht ertastet er die Eigenschwingungen der Medikamente, um sie dann bei der entsprechenden, synchronen Organschwingung zu verschreiben.

Prüfen wir, wes Geistes Kind der Pendelbenutzer ist. Vermarktet er seine Gabe? Oder versteht er sich als Werkzeug Gottes?

THEMA OKKULTISMUS

Dürfen Christen homöopathische Arznei nehmen?

Selbstverständlich. Gott bedient sich auch der hochpotenzierten Gaben aus seiner natürlichen Apotheke. Unter Potenzierung versteht man die Ausdehnung der molekularen Oberfläche durch Vermischung mit Alkohol. Eine D1-Potenzierung bedeutet: 1 Tropfen des Pflanzensubstrats wird mit 10 Tropfen Alkohol vermischt. $D2=10^2=100$ Tropfen Alkohol auf 1 Tropfen Extrakt. Die Argumente der Gegner, es handele sich ab der 23. Potenzierung um mikroskopisch nicht mehr erkennbare Moleküle und außerdem sei der Begründer der Homöopathie, Samuel Hahnemann, ein Freimaurer gewesen, halte ich für lächerlich. Wer so redet, hat weder Fachkenntnisse noch Vertrauen in die unbekannte Schöpfung Gottes.

Hahnemann staunte selber und sagte: „Nicht ich, sondern Gott heilt die Kranken." Seine Mitgliedschaft bei den Freimaurern darf nicht als Argument gegen die Seriosität seiner Forschung missbraucht werden; überdies waren die Ziele der damaligen Freimaurer noch nicht kirchenfeindlich.

Tierversuche ergaben, dass die potenzierten Mittel wirkten. Somit ist der Placebo-Effekt (Erwartungshaltung) ausgeschaltet. Die Tatsache, dass die Mittel trotz mikroskopisch nicht erkennbarer Moleküle wirken, lässt manchen Kritiker auf die Mitwirkung dämonischer Mächte schließen. Ein solches Denken ist absurd; dann muss ich alles dem Dämon zuschreiben, was nicht rational erklärbar, nicht biochemisch fassbar, nicht empirisch messbar ist. Wir wissen, dass die Energie des Moleküls durch Verschüttelung auf das Lösungsmittel übertragen wird. Man spricht von Informationsübertragung. Vergleichbar ist dieses Phänomen mit der genetischen Informationsübertragung bei Mensch und Tier. Ratten, die etwas Neues lernen, geben dies an ihre Nachkommen im genetischen Programm weiter; die zweite Generation lernt viel schneller; die dritte Generation weiß es schon fast von Geburt an. Da ist nichts messbar, nichts in den Genen fassbar.

Wieder zeigt sich: Frömmigkeit ohne Klugheit, Intuition ohne Reflexion, Christsein ohne Lebenswagnis führt zu einer spirituellen, intellektuellen und seelischen Verarmung ...

Da fällt mir ein, ich muss ja noch meine Arnica D30 einnehmen.

THEMA OKKULTISMUS

Ist Hypnose seriös?

So seriös wie ihr Vermittler. Hypnose ist weder Teufelszeug noch ein Allheilmittel, das automatisch wirkt. Sie ist eine therapeutische Technik, die mittels suggestiver Einredung zu einem schlafähnlichen Zustand führt. In dieser künstlich herbeigeführten Bewusstseineinengung nimmt der Patient die Anweisungen des Hypnotherapeuten auf und setzt sie um. Jedenfalls ist das ihr Ziel. Jedoch nicht bei jedem wirkt sie. Sie sollte nicht angewandt werden bei sehr labilen, misstrauischen, willensschwachen, hysterischen (dissoziativen), psychotischen und schwachsinnigen Personen.

Damit die Hypnose (griech. Schlaf) wirkt, muss sie mehrmals an einer Person durchgeführt werden; sie lebt von der Wiederholung. Bei sehr beeinflussbaren (suggestiblen) Menschen reicht schon eine einzige Hypnose, die besonders vor einem beeindruckten Publikum faszinieren kann. Dennoch warne ich vor solchen Show-Hypnosen, da sie an völlig unbekannten Personen durchgeführt werden und verborgene seelische Störungen wachrufen können. Ich musste einmal in einer Diskothek eine junge Frau aus der Hypnose herausholen, weil es dem Verursacher nicht mehr gelang. Er hatte sie suggestiv in die Wüste geschickt; sie schwitzte enorm und zog sich aus (der gewollte Gag bei diesem Unternehmen); danach war sie für eine Zurückholung aus diesem Zustand nicht mehr ansprechbar. Ich musste sie heftigst verbal und auch körperlich bearbeiten, um sie herauszuholen.

Eine gute Hypnotherapie dauert ca. eine Stunde. Der Patient kann jederzeit abbrechen, wenn er will. Sein Wille darf also nicht ausgeschaltet werden, etwa durch Trance-Zustand. Dieser ist auch keineswegs erforderlich für den therapeutischen Erfolg. Hypnose hat nichts zu tun mit dem magischen Blick des Therapeuten oder mit sonstigen fragwürdigen Zeremonien. Sie ist eine einfache Technik, die nur in die Hände eines ausgebildeten Arztes oder Psychotherapeuten gehört. Wesentlich sind Vertrauen zwischen Patient und Hypnotherapeut, eine angenehme Stimme, eine ruhige Atmosphäre sowie Beherrschung der Technik. Niemand kann gegen seinen Willen hypnotisiert werden.

WAS SONST NOCH BRENNT

84
War Jesus verheiratet und liegt in Kashmir begraben?

1983 behaupteten einige Autoren, Jesus habe die Kreuzigung überlebt, sei nach Indien gegangen und dort gestorben. Ähnliches behauptete schon um 1900 der indische Sektenangehörige Mirza Ghulam Ahmad. Bei all diesen immer wieder aufgewärmten Stories wurde bis heute nie etwas bewiesen, teilweise auch gelogen, dass sich die Balken bogen.

So wurden angebliche tibetanische Schriften aus dem 5. Jahrhundert als Fälschungen aus dem 12. Jahrhundert entlarvt; das „Leben Jesu" des Nicolas Notovitsch war nichts als eine plumpe, mit falschen Bibelzitaten gespickte Unverschämtheit, die von mehreren Indologen und Tibetologen sehr rasch als „notorische Schwindelei" erkannt wurde.

Wie dem auch sei, genügend Phantasten glaubten diesen Betrug und pilgerten in die Khanyar-Straße nach Srinagar, wo Jesus also begraben liegt. Wer liegt denn nun wirklich dort? Nachforschungen europäischer Wissenschaftler ergaben, dass in diesem Grab ein gewisser Yudasaf liegt, ein Hindu, der im 14. Jahrhundert durch den Derwisch Syed Abdur Rahman kurzerhand zum islamischen Propheten umbenannt wurde.

Der darin befindliche Fußabdruck belegt den Verdacht, dass hier ein Hindu-Grab ist; denn derartige Abdrücke waren in Indien sehr beliebt.

Schon die Behauptung, Jesus wäre nicht wirklich gestorben, ist absurd. Mehrere Versuche mit Leichen, auch Computersimulationen, führten zur Erkenntnis, dass angesichts dieser Todesart ein Überleben nach sechs Stunden am Kreuz nicht möglich ist. Aber da greifen die Phantasten zu einem Trick. Sie sagen, der Essigtrank sei in Wahrheit ein Betäubungsmittel gewesen, das Jesus scheintot werden ließ.

Nicht genug des blühenden Unsinns wird weiter behauptet, Jesus sei mit Maria Magdalena verheiratet gewesen; eine Sciencefiction-Story, die bereits als Vorlage für einen ziemlichen Schmuddelfilm diente.

Sicherlich: Wer Tod und Auferstehung Jesu nicht hinnehmen kann, wird andere Erklärungen konstruieren. Nur sind in diesem Fall die Geheimnisse Gottes einleuchtender als die Konstruktionen der Phantasten.

WAS SONST NOCH BRENNT

Die Weihnachtserzählung - nur Legende?

Für manche Menschen scheint das gesamte Glaubensgebäude zusammenzubrechen, wenn sie hören, dass die Weihnachtsgeschichte des Evangelisten Lukas nicht ganz so historisch ist, wie sie scheint. Aber eine reine Erfindung oder gar eine Fälschung ist sie keineswegs.

Ob Krippe oder nicht, ob kalter Winter oder gemäßigter Frühling, ob Könige aus dem Morgenland oder nicht, ob Stern oder nicht, ob in Bethlehem oder in Nazareth - das ist ziemlich unbedeutend im Hinblick auf die Kernaussage der Hl. Schrift. Und die lautet: Jesus wurde geboren.

Niemand wird den Afrikanern vorwerfen, sie unterlägen einem Irrtum, wenn sie das Jesuskind schwarz anmalen. Niemand wird behaupten, wir seien törichte Erdenbürger, wenn wir ihn unter Tannenbäumen im schneeverwehten Kuhstall anbeten. Hier weiß jedermann, dass es darauf nicht ankommt und dass wir die biblischen Geschichten in die eigene Kultur versetzen (Inkulturation).

Dennoch bergen die biblischen Ausschmückungen eine Botschaft. Bethlehem war der von Micha prophezeite Geburtsort des Messias: „Du aber Bethlehem, im Lande Juda, aus dir wird der Herrscher Israels hervorgehen ..." (5,1). Warum also sollte Jesus nicht dort geboren sein?

Was den Stern betrifft, so gab es um das Jahr 4 vor 0 eine Jupiter-Saturn-Konstellation im Zeichen der Fische, die Johannes Kepler errechnete. Demnach muss die Geburt einige Jahre früher stattgefunden haben, als wir sie feiern. Das wird durch die Erwähnung der Weisen aus dem Morgenland bekräftigt; denn der Kirchenlehrer Origines berichtet uns von der Reise eines persischen Königs namens Tiridates zu Herodes. Das war um dieselbe Zeit. War er die Vorlage für die Könige? Das Volk hat später die Dreizahl samt Namen hinzugedichtet, um auszudrücken, dass Jesus für die Armen und Reichen, für Ost und West, für Juden und Heiden geboren ist.

Ochs und Esel werden bei Jesaja erwähnt: „Das Rind kennt seinen Besitzer und der Esel die Krippe seines Herrn ..." (1,3) Was liegt da näher, als auch diese beiden Vertreter der Tierwelt zur Krippe zu gesellen? Solche (Hinzu-)Fügungen bereichern die ansonsten nüchternen Fakten. Ich finde, Lukas war ein begabter Autor.

WAS SONST NOCH BRENNT

86. Alleinseligmachendes Christentum?

Was hat diese These schon Ärger gemacht! Nicht weil Cyprian von Karthago (†258) sie ausgesprochen hat (Wer weiß das schon!), sondern weil sie grundsätzlich und allzu gern missverstanden wird. Sie bedeutet nicht, dass andere Religionen allesamt falsch liegen und ihre Anhänger schnurstracks in die Hölle kommen. Sie bedeutet auch nicht, dass das Christentum ganz allein die Wahrheit gepachtet hat und sich über alle anderen stolz erhebt.

Die Aussage (original lat. „Extra ecclesiam nulla salus") bedeutet: Wer gegen besseres Wissen und Gewissen die Lehre Jesu ablehnt, verwirft sich selber. Es wird also vorausgesetzt, dass jemand die Lehre Jesu als richtig und verbindlich erkannt hat, sie dennoch ablehnt. Gott rettet keinen gegen seinen Willen. Das hieße ja, die Freiheit des Menschen nicht ernst nehmen. In allen Religionen gibt es Elemente der Wahrheit. Das Christentum hat insofern seine besondere Aufgabe, als hier Gott selber gesprochen hat. Die Kirchen beherrschen also nicht, was sie verkünden, sondern sie verwalten es. Sie können nicht in eigener Machtvollkommenheit handeln, sondern sind an das gebunden, was Jesus Christus gelehrt und eingesetzt hat. Insofern gibt es hier keinen Relativismus, keinen Subjektivismus und hinsichtlich der Wahrheit keinen Pluralismus. Wenn Gott selber Verbindlichkeiten ausspricht, kann das keine Kirche ändern.

Die Kirchen lehnen keineswegs ab, was in anderen Religionen wahr und heilig ist. Der Satz Jesu: „Niemand kommt zum Vater, als durch mich." (Joh 14,6) und der Hinweis: „Wer glaubt und sich taufen lässt, wird gerettet; wer aber nicht glaubt, wird verdammt werden!" (Mk 16,16) betonen die Notwendigkeit des Glaubens an Christus. Gewiss können Menschen auch ohne direkte kirchliche Vermittlung zum ewigen Heil gelangen, sofern sie Suchende sind und keine Kenntnis von einer Kirche haben. Das mindert nicht die Bedeutung Jesu Christi und seiner Kirche(n) für die gesamte Heilsgeschichte aller Menschen.

Die katholische Kirche betet jeden Tag in allen Messen für jene, die den Glauben noch nicht kennen, und tritt so stellvertretend für die Unwissenden ein. Würden die Christen ihren Glauben erlöster und heiterer leben, wäre der anstößige Satz schon auf Erden bewiesen.

WAS SONST NOCH BRENNT

87 Was ist Esoterik?

Das Wort bedeutet griechisch: von innen. Gemeint sind Geheimbünde, Mysterienkulte und eingeweihte Zirkel, die meinen, nur sie allein hätten Zugang zu gewissen okkulten (verborgenen) Weisheiten und Praktiken, weil sie genügend Offenheit dafür zeigten. Dazu gehören Kontaktaufnahmen zu jenseitigen Wesen (Spiritismus, Ufologie, Magie), mystisch-intuitive Menschenkenntnis (Astrologie, Alchemie, Akasha-Chronik) und auch eine spiritualisierte Naturdeutung (Gnome, Elfen, Allmutter Erde). Die Wurzeln der Esoterik liegen in Buddhismus, Hinduismus, Gnosis und Schamanentum.

Vertreter esoterischer Lehren sind Rudolf Steiner, Aleister Crowley, Rosenkreuzer, New Age-Bewegung, Transpersonale Psychologie, viele humanistisch geprägte Therapierichtungen, zahlreiche Sekten und Psychogruppen der neuen Zeit, Hexenzirkel u.a.

Die Esoteriker gehen längst in die Öffentlichkeit, um das „Wissen" der Eingeweihten allen zugänglich zu machen; so bieten sie auf den Esotera-Messen ihre Produkte an, sprechen in meist teuren Erleuchtungs- und Bewusstseinserweiterungsseminaren Kunden an, scheuen sich nicht davor, christliche Symbole und Begriffe mit esoterischen Inhalten zu füllen und umzudeuten (z.B. werden die Hildegardschen Edelsteine den Tierkreiszeichen zugeordnet). Das Weltbild ist nicht christlich: Gott ist lediglich eine Ur-Energie, unpersönlich und überall innewohnend (monistisch, pantheistisch). Das Leid wird als Folge von Verfehlungen aus früheren Erdenleben gedeutet (Reinkarnation), und statt Reflexion ist Intuition angesagt - also ist das subjektive Spüren und Fühlen wichtiger als die kritische Selbstkontrolle.

In der Esoterik schafft sich der Mensch seinen künstlichen Gott, unverbindlich und schmerzfrei. So was kommt an. Es gilt die Regel: Wahr ist, was gefällt. Der Trend zu esoterischen Heilsgruppen hält an; zugleich kehren Ent- und Getäuschte wieder zurück in die Kirchen - mit vollem Kopf und leerem Konto.

WAS SONST NOCH BRENNT

Was ist die Charismatische Erneuerung?

Es soll ja immer noch Leute geben, die allen Ernstes glauben, die Charismatische Gebetsgruppe in ihrer Gemeinde sei eine Sekte. In Wahrheit ist sie genau das, was man christlich nennt: eine Gruppe von Betern, die sich um die Gaben des Hl. Geistes (=Charismen) bemüht, also um Erkenntnis, Unterscheidung, Prophetie, Heilung und intensive Glaubenskraft. Paulus beschreibt einige Charismen in 1. Kor 12. Was den Skeptikern zuerst auffällt, ist dieses seltsame Murmeln oder Singen in einer gänzlich unbekannten Sprache; hier handelt es sich um die kleinste aller Gaben, die Zungenrede (Glossolalie). Da betet sozusagen der Hl. Geist im Menschen; einige Christen haben auch die Gabe, dieses fremde Gebet übersetzen zu können.

Die Charismatische Erneuerung (CE) ist 1967 in Pittsburgh/USA entstanden, wo sich eines Abends einige Studenten und Professoren der Baptistengemeinde zum Gebet einfanden und plötzlich all diese merkwürdigen Dinge geschahen. Sie fingen an, in unbekannten Sprachen zu beten, alle gemeinsam; und sie spürten die Kraft des Hl. Geistes. Diese Erfahrung hatte Folgen. 1972 entstanden dann auch in Deutschland die ersten Gebetsgruppen; schließlich wurde 1984 das erste Leitungsteam in Würzburg gewählt. Seitdem finden regelmäßig große Nationaltreffen statt. Die CE ist weltweit die intensivste und gewaltigste Demonstration des Hl. Geistes, der die Kirchen erneuern, die Menschen mit Charismen beschenken und den Glauben wieder aufleben lassen möchte. Es gibt immer wieder ergreifende Bekehrungen unter den Menschen, umwerfende Erfahrungen Gottes; es ist keine momentane Gefühlsaufwallung, sondern eine tatsächlich existentielle Betroffenheit, die anhält und verwandelt, ja manchmal von einer seelischen und körperlichen Erkrankung heilt.

Der nüchterne Zeitgenosse tut sich anfangs etwas schwer mit dieser Erfahrung. Wenn er die vielen Menschen mit erhobenen Händen beten und singen sieht, wenn er diese fremde Sprache und dann auch noch Worte der Prophetie hört, könnte er meinen, er sei in einer Sekte gelandet. Aber keine Angst! Hier vollzieht sich lebendiges Beten. Schauen Sie mal rein; vielleicht trifft sich auch in Ihrer Gemeinde regelmäßig eine Gebetsgruppe der Charismatischen Erneuerung.

WAS SONST NOCH BRENNT

89 Ist das Sühneleiden von Gott gewollt?

Jesus hat sich freiwillig dem Tod ausgeliefert, um die Sünden des Volkes zu sühnen, d.h. wiedergutzumachen. Diese Tat genügt zur Rettung aller Menschen; da muss nicht noch ein anderer seine eigene Leistung draufsetzen. Insofern ist jedes Opfer, das einer zur Wiedergutmachung eigener oder anderer Schuld darbringt, nur möglich durch das Opfer Christi. Und dieses persönliche Sühneleiden ist auch nur wirksam in Verbindung mit einer Umkehr.

Die Juden schlachteten am Versöhnungstag einen Bock. Ein zweiter wurde in die Wüste gejagt, welcher symbolisch die Sünden des Volkes mit sich nahm (vgl. Lev 16,21f). Damals konnte ein Mord nur durch das Blut des Täters gesühnt werden (Blutrache). Heute dienen im Judentum wie im Christentum Almosen, Gebete, Fasten, geduldig ertragene Leiden als Mittel zur Sühne; die Hindus kennen Sühnezeremonien nach ritueller Unreinheit. Durch das Ereignis einer Geburt oder durch einen Todesfall in der Familie werden sie unrein; besonders schlimm sind die Ermordung eines Brahmanen oder die Tötung einer Kuh. Hier sind Sühnezeremonien vorgeschrieben, bei denen unter anderem Kuhmist gegessen wird. Heilige Asche sowie ein Wasserbad, aber auch Fasten gehören ebenfalls dazu. Mahatma Gandhi hat das Fasten als Sühne für Gewalttätigkeiten seiner Gegner wie Anhänger wiederholt praktiziert.

Christlich verstandene Sühne ist Teilnahme am Leiden Christi und nicht etwa ein isoliertes Handeln einzelner Christen. Schon gar nicht ist sie eine Tat, die Gott besänftigen und geneigt machen soll; denn Gott ist die Liebe und bedarf keiner Besänftigung.

Mystiker wie Katharina Emmerich, Pater Pio, Johannes vom Kreuz, Therese von Konnersreuth u.a. haben ihr Leid bewusst angenommen als Wiedergutmachung für die vielen Sünden in der Welt, manchmal für die Bekehrung bestimmter Personen (z.B. Therese von Lisieux). Gott beruft gelegentlich Menschen in diesen Dienst und schenkt ihnen das Charisma des Mitleidens; hierzu zählen vor allem die Wundmale Christi (Stigmata), das Erleben des Karfreitagsleidens, die Übernahme von Krankheitssymptomen. Solche Phänomene bedürfen stets einer geistlichen, medizinischen und psychologischen Prüfung.

WAS SONST NOCH BRENNT

Sind Stigmata Ausdruck besonderer Heiligkeit?

Nein. Es ist nicht immer geklärt, ob die Wundmale (=Stigmata) an Händen, Füßen und manchmal auch auf der Stirn körperliche Symptome einer seelischen Störung sind (sog. Konversionsneurose, in der sich Ängste, masochistische Leidenssehnsüchte und religiöse Wunschvorstellungen, auch Identifikationswünsche in körperlich sichtbare Zeichen verwandeln). Natürlich gibt es krankhafte Phänomene, aber auch genügend echte. Sie sagen über den Grad der Heiligkeit nichts aus.

Die bekanntesten Stigmatisierten sind Franz von Assisi, Pater Pio und Therese von Konnersreuth. Für sie waren diese Zeichen ein besonderer Liebeserweis Jesu, der sie befähigte, für andere zu leiden und so an seinem Erlösungswerk teilzunehmen. Dies gehört in den Bereich der mystischen Phänomene, also der rational nicht fassbaren, aber geistlich sehr bedeutsamen Grenzphänomene.

400 bekannte Fälle von Stigmatisierten gab es; darunter Mechthild von Magdeburg (1293), Katharina von Siena (1380), Elisabeth von Reute (1421). Derzeit leben zwanzig Stigmatisierte; die bis auf wenige Ausnahmen als seriös betrachtet werden dürfen. Anerkannt und in geistlicher Prüfung sind der ehemalige Atheist und jetzige Priester Franz Spelic aus Kureszek (Slowenien) sowie die Hausfrau und Mutter Glady Quiroga de Motta aus San Nicolas (Argentinien). Beide haben seit Jahren Marienerscheinungen bzw. innere Eingebungen.

Fragwürdig bleibt der junge Italiener Giorgio Bongiovanni, der sich berufen fühlt, die Botschaft Außerirdischer mit der Botschaft von Fatima zu vermischen. Er hat keinen geistlichen Begleiter und ist somit kirchlich nicht eingebunden. Auf der Stirn trägt er ein auffallendes, blutverkrustetes Kreuz, ebenso in seinen Handflächen.

Auch der Münchener Konditor J. Helmer hat Stigmata; seine Ärztin bescheinigt ihm eine normale Psyche, hat aber keinerlei Erklärung für dieses Phänomen. Der Mann selber war vorher nie besonders religiös; jetzt, da er seinen Beruf nicht mehr ausüben kann, sieht er sich zunehmend Glaubensfragen ausgesetzt; jedoch verlangt er Geld für die Besichtigung seiner Stigmata.

Inwieweit Paulus unsichtbare Wunden trug, bleibt offen. Er schreibt: „Ich trage die Zeichen Jesu an meinem Leib ..." (Gal 6,17).

WAS SONST NOCH BRENNT

Ist schon jemand aus dem Jenseits gekommen?

Meines Erachtens: Ja. Immer wieder. Man muss nur achtgeben, dass man nicht jeden Scherz oder Betrug oder Täuschung als Totenerscheinung deutet. Die spiritistischen Sitzungen, in denen Verstorbene gerufen werden, haben keinen Beweiswert, da hierbei zu oft geschickte Manipulationen und Suggestionen festgestellt wurden. Außerdem bleibt die Möglichkeit einer „Fremdbesetzung", d.h. einer Einmischung durch dämonische Wesen, die vorgeben, die gerufenen Toten zu sein.

Die Hl. Schrift erzählt uns von der Erscheinung vieler Toter, die sich aus ihren Gräbern erhoben und sich dann in Jerusalem den Lebenden zeigten (Mt 27,52f). Saul ließ durch die Hexe von En-Dor gegen den ausdrücklichen Willen Gottes den toten Samuel rufen, der sich über die Störung beschwerte (1. Sam 28,3ff).

Viel aufschlussreicher sind für mich die spontanen Erscheinungen Verstorbener, die ihre Verwandten oder fremde Menschen aufsuchen, um sie vor einer Gefahr zu warnen, in einem Anliegen zu helfen oder selbst um Gebete zu bitten. Hierüber gibt es genügend Berichte und gut dokumentierte Zeugnisse. Sie einfach zu ignorieren oder vorschnell als Spinnerei abzutun halte ich für unklug. Es geht nicht um billige Gespenstergeschichten, sondern um ein mystisches Phänomen, das biblisch anerkannt ist.

Die in München begrabene selige Ordensfrau Maria Anna Lindmayr (1657-1726), die französische Sr. Marie de la Croix (1840-1917), die hl. Katharina von Genua (1447-1510), der hl. Don Bosco (1815-1888) und unzählige andere berichten uns davon. In der Gegenwart verspüren die in Tirol lebende Maria Simma, die in Oberschlesien lebenden Margarete Wieland, Max und Maria Brand sowie andere Personen regelmäßig Kontakte zu Verstorbenen, die ihnen meist nachts erscheinen. In der Regel handelt es sich um Gebetsanliegen für Seelen, die in Schuld gestorben sind und im Läuterungsprozess (Fegefeuer) stehen.

Viele nüchtern denkende Personen unserer aufgeklärten Zeit mussten ihre Skepsis ablegen, nachdem ihnen selber Verstorbene aus ihrer Familie erschienen sind. Die meisten geben ihre Erfahrungen aus Angst vor Spott und Imageverlust nicht preis.

WAS SONST NOCH BRENNT

Warum wird das Christentum so oft angegriffen?

Es sind eher die Christen, die angegriffen werden. Auffällig ist, dass gerade deutsche Medien sehr aggressiv und hochmütig über die religiöse Praxis mancher Christen berichten. Im Deckmantel der Pressefreiheit und der künstlerischen Ausdrucksfreiheit werden immer wieder religiöse Gefühle verletzt, ja sogar blasphemische Situationen geschaffen (Filme über das Sexualleben Jesu, Nacktszenen auf dem Altar einer Kirche, Verunglimpfung bestimmter Gebetsstätten und deren Wallfahrer usw.). Keine Religion würde sich das so gefallen lassen; unser Verständnis von Toleranz und Weltoffenheit hat gelitten. Moralische Verbindlichkeiten wurden weitgehend wegpsychologisiert. Der Verdacht liegt nahe, dass Angreifer und Spötter ihre eigenen unverarbeiteten Konflikte (übertriebene Frömmigkeit der Eltern, Verletzungen durch Religionslehrer und Pfarrer, Enttäuschungen über Gottes andere Wege...) auf beliebige Opfer projizieren, um sich ein Ventil zu schaffen.

Jesus hat vorausgesagt, dass seine Lehre und seine Anhänger verfolgt werden (Joh 15,20). Mag es im einfachen Fall nur ein mangelndes Verstehen sein, das zu Überreaktionen führt (Witze machen oder schimpfen), so kann es im extremen Fall Hass gegen alles Christliche sein. Hinter dem Hass verbirgt sich nicht selten der Abwehrmechanismus der Umkehrung, d.h. die Selbstzerstörung wird umgekehrt in eine Fremdzerstörung. Da die Religion stets auch an die eigene Unvollkommenheit erinnert, die es zu überwinden gilt, entzündet sich Neid an jenen, die diese Überwindung praktizieren. (Frei nach dem Motto: Ich gönne dir deinen geistlichen Erfolg nicht, weil ich es selber nicht schaffe.)

Die Motive der Angreifer sind sehr verschieden und vielschichtig. Ich mache immer wieder die Erfahrung, dass Unkenntnis in Glaubensfragen sowie unvergebene seelische Verletzungen aus Kindheit und Jugend zu solch schmerzlichen Fehlreaktionen führen können. Hinzu kommt allerdings noch der bewusste Verzicht auf Fairness. Da viele Medien nicht informieren wollen, sondern erregen möchten, glauben zahlreiche Journalisten, in diesem aggressiven, hämischen Ton berichten zu müssen. Sie sind teilweise Opfer ihrer eigenen Medien.

WAS SONST NOCH BRENNT

Kann christlicher Glaube krank machen?

Nein. Trotzdem soll es Psychologen und Therapeuten geben, die meinen, ein kranker Christ verdanke seine seelische Störung dem christlichen Glauben. So betrachten sie beispielsweise jede religiös motivierte sexuelle Enthaltsamkeit oder jeden Verzicht auf sonstige Triebbefriedigung als Ursache sozialer Verklemmungen bzw. neurotischer Verhaltensmuster. Demzufolge lehnen sie die christliche Religion ab, schimpfen nicht selten auch auf die katholische Kirche und schütten nun in der Therapie das Kind mit dem Bade aus. Im Klartext: Du kannst erst wieder gesund werden, wenn du dich löst von diesen lebensfeindlichen Geboten. Lebe deine Bedürfnisse aus! Wirf deine Schuldgefühle über Bord!

Dass es Menschen gibt, die aufgrund einer falsch verstandenen und übertriebenen Religiosität krank werden, sei nicht verschwiegen. Ich selber habe sie fast täglich in meiner Praxis. Es muss aber klar gesagt werden, dass hier nicht das Christentum oder die moralischen Verhaltensregeln der Kirchen krank machen, sondern eben ihr falsches Verständnis. Ebenso kann ein angstbesetztes, strafendes und überforderndes Gottesbild zu pathologischen Auswüchsen im religiösen, sozialen und kommunikativen Verhalten führen. Ein guter Therapeut erkennt die wahren Ursachen und weiß zwischen Gebot und rigoroser Auslegung zu unterscheiden. Er trennt die Spreu vom Weizen; d.h. er schüttet nur das schmutzige Bad aus, nicht das Kind.

Wahre Demut macht nicht krank, eher das, was manche als Demut missdeuten, nämlich das ständige Herunterschlucken von Gefühlen und Wünschen. Die wahre Liebe heilt sogar, ausgenommen jene Haltung, die man für Liebe hält, nämlich die Überfürsorglichkeit und die symbiotische Abhängigkeit. Die Praxis der Vergebung ist ein wichtiger Faktor im Heilungsprozess; wer jedoch um des „lieben Friedens willen" keine Auseinandersetzung wagt, tut sich keinen Gefallen. Die biblisch geforderte Streit- und Versöhnungskultur führt zur Heilung. Das Christentum hat niemals Gefühle verboten; es ist eine therapeutische Religion und führt, richtig verstanden und gelebt, zu einer Einheit von Seele, Geist und Körper.

Weil Jesus das sagte, was er fühlte, und das tat, was er sagte, lebte er die Einheit. Dies bedeutet aber nicht, Sklave seiner Triebe und Launen zu sein.

WAS SONST NOCH BRENNT

Austritt wegen der Kirchensteuer?

Es soll tatsächlich Leute geben, die sich wegen der „horrenden" Kirchensteuer von ihrer Kirche verabschieden. In Deutschland beträgt sie 8-10% von der Einkommenssteuer; sie wird aufgrund eines Vertrags zwischen Staat und Kirchen durch die staatlichen Finanzämter eingezogen.

Mit diesen Steuern, deren Verwendung alljährlich öffentlich dargelegt wird, bezahlen die Kirchen in der Hauptsache ihr Personal. Das sind in der katholischen Kirche (ca. 55% aller Ausgaben) die Pfarrer und ihre Haushälterinnen, die Katecheten und Kindergärtnerinnen, die vielen Angestellten in den Sozialeinrichtungen (Krankenhäuser, Altenheime, Jugendinstitutionen). Dann gibt es den Posten „Kirchenunterhalt, Restaurierungen", der vom Staat zusätzlich gefördert wird, wenn es sich um allgemeine und erhaltenswerte Kulturgüter handelt. Es folgen „Soziales", d.h. Ausgaben für die sozial Schwachen, für akute Notfälle; dann „Schulen, Internate, Bildungshäuser" in kirchlichem Besitz; schließlich weitere kleine Posten, darunter der „interdiözesane Ausgleich", wenn z.B. Personal aus fremden Diözesen bezahlt werden muss.

Würden die Kirchen streiken, fiele ein Großteil der Sozial- und Bildungseinrichtungen zusammen; der Staat müsste ihn übernehmen und dann seine Steuern erhöhen. Es ist also für die Höhe der Steuern letztlich weniger erheblich, wer sie bekommt, weil die Summe unter dem Strich fast gleich bleibt.

Da schicken Eltern, die aus der Kirche ausgetreten sind, ihr Kind in den kirchlichen Kindergarten. Der Pfarrer fordert dafür einen monatlichen Beitragssatz von 30 DM, was die Eltern vor Gericht anfochten. Der Richter gab dem Pfarrer Recht.

Eigentlicher Grund für einen Austritt aus der Kirche ist oft nicht das Geld, sondern eine schon lange angebahnte Glaubensentfremdung. Für finanzielle Härtefälle gibt es ohnedies eine Sonderklausel; man muss nur darüber reden.

Wenn einem klar ist, dass im eucharistischen Brot der Leib Christi anwesend ist, dass in den Sakramenten das Heilsversprechen Jesu liegt, dann muss er beim Austritt aus der Kirche auf diese Gegenwart und unmittelbare Nähe Jesu verzichten. Ist dieser Preis nicht zu hoch? Oder ist der Glaube an Christus für ihn nicht schon längst bedeutungslos geworden?

WAS SONST NOCH BRENNT

95
Ist das Turiner Grabtuch echt?

Ja. Die erste Untersuchung 1973 durch den Kriminalisten Dr. Frei aus Zürich stellte in diesem einmaligen Leinentuch menschliches Blut und Blütenpollen aus Israel fest. Die zweite Untersuchung 1978 mit modernsten Geräten bestätigte dieses Ergebnis und fand weitere Überraschungen. Prof. Filas aus Chicago entdeckte auf dem rechten Auge die Umrisse einer Münze. Sie war in den Jahren 29-31 nach Christus von Pilatus geprägt worden. Schließlich fand Prof. Bollone 1996 über der linken Augenbraue den Abdruck einer zweiten römischen Münze, ebenfalls von Pilatus geprägt.

Als die Medien 1988 verkündeten, das gesamte Abbild dieses 1,80 m großen Mannes sei im 13. Jahrhundert entstanden, also eine Fälschung, wagte man nochmals eine sehr intensive Untersuchung mit anderen Methoden. Denn die hier zugrunde liegende C-14-Methode war ungenau. Das Tuch erlitt 1502 beim Brand in der Kapelle des Schlosses Chambéry Schäden, die - so ergaben Experimente mit angebrannten Leinentüchern - bei der C-14-Untersuchung aufgrund von Pilz- und Bakterienbefall das Alter verjüngten. Diese Methode erwies sich also als unbrauchbar. Ein Verantwortlicher erhielt von Geschäftsleuten (Freimaurer?) eine Million engl. Pfund als Anerkennung seines „Fälschungsnachweises" (Daily Telegraph, 25.3.89).

Schließlich haben Wissenschaftler der NASA das Tuch erneut untersucht und endlich die Echtheit bestätigt. Das Abbild ist nicht durch Farbdruck, Hitzeprägung, Kontaktabdruck oder sonstige natürliche Mittel entstanden; eher durch einen Strahlenblitz von 1/1.000 Sekunde. Das Blut der ca. 600 erkennbaren Verletzungen hat die Gruppe AB; infolge der Handwurzelnagelung ist der Daumen nach innen gezogen und somit auf dem Tuch nicht erkennbar. Ca. 50 Dorneneinstiche sind auf der Stirn und am Kopf festgestellt worden; 121 Geißelhiebe mit römischen Bleiruten (je drei Kügelchen mit Zacken) lassen sich zählen. Auf der rechten Brustseite sind ein Einstich und Serumspuren erkennbar. Das Nasenbein ist deformiert, wahrscheinlich vom Sturz unter dem Kreuzbalken.

1997 rettete der Feuerwehrmann Mario Trematore das Tuch unter dramatischen Umständen vor den Flammen im Turiner Dom.

WAS SONST NOCH BRENNT

96. Was ist der Toronto-Segen?

Beim charismatischen Gottesdienst in einer süddeutschen Stadt fallen nach der Handauflegung oder dem Segensspruch plötzlich Dutzende von Menschen um, lachen lautstark oder stoßen Tierlaute aus. Die einen gackern wie Hühner, andere wälzen sich am Boden, einer brüllt wie ein Löwe, einige weinen und zittern. Was ist los? Ist der Teufel in sie gefahren?

Dieses Phänomen geschah erstmals 1994 in der freikirchlichen „Airport-Vineyard"-Gemeinde in der Dixie Road am Ende des Flughafens Toronto/Kanada. Inzwischen hat es sich auch in Deutschland ausgebreitet, und zwar vorwiegend in freikirchlich-charismatischen Gebetsgruppen. Das Seltsame daran ist, dass die einen von einem starken Erleben der göttlichen Liebe berichten, andere hingegen brauchten eine psychiatrische Behandlung. Wie also ist der Toronto-Segen einzustufen?

Biblisch betrachtet, kann der Geist Gottes durchaus unterschiedlich wirken, auch in so merkwürdigen Formen. Jedoch ist Vorsicht geboten. Ich neige als Psychologe dazu, dies Phänomen eher als gruppendynamisches Geschehen zu deuten, wo Übertragungen, Erwartungshaltungen, Ansteckungen geschehen, ohne jeden Bezug zum Religiösen. Selbst wenn sich im Nachhinein eine tiefere Frömmigkeit entfalten sollte, lässt sich daraus nicht schließen, dass der Hl. Geist gewirkt hat. Befürworter sprechen hier von einer „Ausgießung des Hl. Geistes".

Die Mystik hat uns schon einiges gelehrt, was uns seltsam vorkam. Ich denke an das haushohe Schweben des hl. Copertino, das selbst dem Abt zu viel wurde, sodass er es sich verbat. Auf jeden Fall brauchen solche Ereignisse eine geistliche Begleitung, und manchmal wohl auch eine psychologische Kontrolle; denn eine solch exotische Religiosität scheint mir verdächtig.

Wo mehr Verwirrung entsteht als Einheit, bekomme ich Magenschmerzen. Auch das Umfallen („Ruhen im Geist") ist nicht immer eindeutig dem Wirken des göttlichen Geistes zuzuschreiben. Starke seelische Erregungen können dieselben Wirkungen haben, doch die Befindlichkeit des Betreffenden erfährt nur eine vorübergehende Erleichterung. An den Früchten lässt sich manches erkennen.

WAS SONST NOCH BRENNT

Ist Emanzipation unbiblisch?

Das kommt darauf an, was man unter Emanzipation versteht. Die Gleichmacherei der Geschlechter hat ihre Grenzen. Gott schuf den Menschen: „Als Mann und Frau schuf er sie." (Gen 1,27) Biblisch war die Rolle der Frau klar definiert. Jesus hat sich - Gott sei Dank! - gewaltig vorgewagt, indem er Frauen in seinem Gefolge akzeptierte und mit ihnen unbefangenen Kontakt pflegte. Bei der Auswahl und Entsendung seiner Apostel zog er die Grenze; er berief nur Männer.

Heute drängen viele Frauen in Bereiche, die bislang Männern vorbehalten waren. Das ist nicht unproblematisch. Es gibt nämlich biologische und psychologische Unterschiede, die sich nicht wegdiskutieren lassen. Mann und Frau sind von Natur aus nicht gleich, was die Hirnforschung in den USA bestätigt (Brain Behavior Laboratory an der Uni von Pennsylvania). Folgende Unterschiede wurden festgestellt:

Frauen sind stark im analytischen, Männer im synthetischen Denken. Frauen sind verbal besser drauf als Männer, d.h. sie entwickeln bereits im Kindesalter eine stärkere verbale Aktivität. Achtzig Prozent der Dolmetscher und Übersetzer sind Frauen. Männer beherrschen das räumliche, kognitive Denken besser. Und was die Treffsicherheit der Deutung von Gesichtszügen betrifft, so schlagen die Frauen bei weitem ihre Männer. Das Gehirn ist verschieden gebaut; so entdeckte man bei Frauen eine geringere Spezialisierung der rechten Hirnhälfte in Bezug auf räumliche Wahrnehmung. Bereits die Säuglinge reagieren auf visuelle und akustische Reize anders. Die Mädchen gehen auf die akustischen besser ein, die Buben auf die visuellen.

Es gibt auch Unterschiede in der technischen Begabung, so ungern vielleicht das die Frauen hören. Sicher gibt es immer auch Ausnahmen. Beim Lesen von Landkarten zeigt sich das „starke" Geschlecht erfolgreicher. Andererseits fällt immer wieder auf, dass Männer schlechter abschneiden im Verarbeiten von seelischen Konflikten. Es lässt sich manches üben, aber gegen genetische Programmierung ist kein Kraut gewachsen; es sei denn, wir machen auch vor der Manipulation der Gene keinen Halt mehr. Dann, so fürchte ich, werden bald auch die Männer Kinder bekommen ...

WAS SONST NOCH BRENNT

Machen die Kirchen ein schlechtes Gewissen?

Manchmal ja, aber sehr oft nein. Da hat ein Mann in seiner ersten Ehe die Frau zur Abtreibung gezwungen; ein Jahr später verlässt er sie und lebt mit einer anderen, ebenfalls geschiedenen Frau zusammen. Er ist katholisch und geht selbstverständlich zur Kommunion. Er hat nichts zu bereuen, sagt er. Als ich ihm entgegnete, dass er eine dreifache Schuld auf sich geladen habe, nämlich Abtreibung, Ehebruch und unwürdige Kommunion, schaut er mich vorwurfsvoll an und meint: „Ich habe von Ihnen etwas anderes erwartet, mehr Verständnis und Weltoffenheit. Stattdessen machen Sie mir ein schlechtes Gewissen. Was Sie sagen, kann nicht der Wille Gottes sein."

Ich staune immer wieder, wie es Christen fertig bringen, derartiges Fehlverhalten zu beschönigen und die Gebote der Moral (die hier Gebote Gottes sind, nicht Willkür der Kirchen) empört von sich zu weisen. Unter Berufung auf „Menschlichkeit" oder „Barmherzigkeit" versuchen sie ethische Verbindlichkeiten als Zumutung oder Schuldmacherei hinzustellen, um sich so ein reines Gewissen zu verschaffen. Natürlich sind manche Verpflichtungen, die Jesus selber ausgesprochen hat, nicht attraktiv. „Die Rede ist hart", sagten schon damals viele Jünger (Joh 6,60). Doch Jesus ließ nicht locker. Er antwortete nicht: „Pardon, Leute, es war nicht so gemeint, lasst uns darüber diskutieren!" sondern: „Wollt auch ihr gehen, dann geht!"

Ich kann mich nicht dem Zeitgeist beugen. Es bringt auch nichts, wenn nun derselbe Mann einen Jesuiten zitiert, der da ganz anderer Meinung ist und meint, die Liebe reiche aus zur Begründung für sein Tun; da brauche man keine Gesetze. Christsein ist nicht der Beliebigkeit unterworfen. Der Widerstand gegen die Verbindlichkeit ist besonders bei jenen zu bemerken, deren Gottesbild zu einem Dauerlutscher und Wohlfühlgott aufgeweicht wurde. Gott ist zweifellos barmherzig, aber auch gerecht. Ich kann mir nicht vorstellen, dass Jesus für eine Abtreibung ist und das beliebige Verlassen des Ehepartners toleriert. Wäre Reue da gewesen, Bedauern über das Geschehene, sähe es anders aus.

Christsein kommt am Kreuz nicht vorbei. Immer noch gilt das Wort Jesu: „Selig, wer an mir nicht Anstoß nimmt!" (Mt 11,6)

WAS SONST NOCH BRENNT

Ist die Hölle ewig?

Hoffentlich nicht. Es gibt Tendenzen, die von Jesus erwähnte Verdammnis als zeitlich begrenzt verstehen zu wollen. So fragen viele Theologen, darunter Hans Urs von Balthasar und Karl Rahner: Wie kann Gott die endliche Schuld eines Menschen unendlich bestrafen, oder anders: Wieso sollte ein sündiges Leben von ein paar Jahrzehnten gegen die Ewigkeit aufgewogen werden?

In der Tat sprechen weder Bibel noch Kirchen davon, dass irgendwer mit Bestimmtheit verdammt sei, nicht einmal Judas. Denn niemand weiß, was im Moment des Sterbens an Einsicht und Reue geschieht. Andererseits kann die Verblendung im Menschen so fortgeschritten sein, dass er auch im Tod nicht mehr bereuen will und kann.

Manche meinen, Gott vernichte die Bösen im Tod, sodass sie gar nicht mehr existieren. Doch dieser Gedanke übersieht, dass Gott nichts vom dem hasst, was er geschaffen hat.

Jesus erwähnt mehrfach die Hölle (Mt 10,28; Mk 9,43...) und nennt sie „ewiges Feuer" (Mt 25,41), das denen bestimmt ist, die bis zum Lebensende Gott bewusst ablehnen und sein Versöhnungsangebot verweigern. Jesus benutzt den Begriff „aion" (ewig) gleichermaßen für den Himmel wie für die Hölle. Weshalb aber sollte nun der Himmel ewig sein, die Hölle hingegen nicht? Die prinzipielle Möglichkeit einer freigewählten Gottesferne (=Hölle) lässt sich nicht bestreiten; doch bringen wir es nur schwer mit unserem Bild von Gott in Einklang. Und die Mystiker? Sie hatten Einblicke in die Hölle; sie sahen das Bild der Verlorenen, die nicht mehr anders wollten. Was sagen uns diese Bilder? Sind sie Einblicke in das tatsächliche Drama oder sind sie Ausblicke in die mögliche Ent-Scheidung?

Wir können es nicht mit Sicherheit sagen. „Wer nicht glaubt, dass es Gott gelingt, alle zu gewinnen, ist ein Ochse. Wer aber lehrt, dass Gott alle gewinnt, ist ein Esel", so die Worte eines evangelischen Theologen des 19. Jahrhunderts. Ich klammere mich an das Wort Jesu: „Bei Gott ist alles möglich." (Mt 19,26)

WAS SONST NOCH BRENNT
Haben Sie weitere Fragen?

Ist alles wahr, was in diesem Buch steht?
Ich hoffe es. Ich habe viele Quellen studiert, Lexika gewälzt, Kollegen gefragt, gebetet. Nicht alles lässt sich nachprüfen; manche Erkenntnis beruht auf langer Erfahrung (z.B. der Bereich der Privatoffenbarungen). Manche Fragen lassen sich nicht eindeutig beantworten (z.B.: Wer ist der Antichrist?), wieder anderes ist umstritten (z.B.: Fand Luthers Thesenanschlag überhaupt statt?). Mir lag daran, die meistgestellten Fragen möglichst knapp und sachlich fundiert zu beantworten. Wer mehr wissen möchte, muss sich ohnedies in die entsprechenden Fachbücher vertiefen. Weil es sich hier nicht um ein wissenschaftliches Lexikon im engen Sinn handelt, habe ich auf die Angaben der benutzten Quellenliteratur verzichtet.

Warum erscheint das Buch eines katholischen Autors in einem evangelischen Verlag?
Weil Autor und Verlag von Haus aus immer schon mit beiden Konfessionen zu tun hatten. Deshalb stand auch die Bemühung im Vordergrund, die Themen so weit wie möglich aus ökumenischer Sicht zu behandeln, mindestens aber Verständnis zu wecken für das jeweilige konfessionelle Eigengut. Es ist durchaus denkbar, in einer künftigen Einheit beider Kirchen unwesentliche Unterscheidungen stehen zu lassen und einander zu akzeptieren. Was die substantiellen Unterschiede betrifft (Verständnis des Papstamtes, der Sakramente...), so stehen noch viele Gespräche und Klärungen aus.

Woher nimmt der Autor die Zeit für so viele Bücher?
Er sitzt nicht so häufig vor der Glotze, arbeitet schnell und - weil er kein Perfektionist ist - verliert auch keine Zeit.

NAMENSREGISTER

Abdon	2.
Abschalom	2.
Augustinus	29.
Blumhardt, Chr. F.	76.
Bosco, Don	91.
Buddha	10. 45.
Calvin	44. 48. 56. 57.
Claudel, Paul	24.
Copertino	96.
Cyprian von Karthago	86.
Diego, Juan	11.
Edwards, Harry	72.
Elija	4. 24.
Emmerich, Katharina	42. 89.
Franz v. Assisi	30. 90.
Frossard, André	24.
Gandhi	48. 89.
Hahnemann, Samuel	82.
Hieronymus	9.
Hiob	2. 27.
Hitler	20.
Johanna von Orléans	57.
Johannes vom Kreuz	42. 89.
Juliana von Lüttich	11.
Katharina von Genua	23. 91.
Labouré, Cathérine	50.
Laurentin, René	16f.
Lindmayr, Maria Anna	23. 91.
Lorber, Jakob	15.
Luther, Martin	9. 23. 29. 33. 44. 48. 56.
Malachias	14.
Maria	4. 11f. 16. 28. 40. 44.
Moses	3. 9. 11. 75.
Mun	65.
Nero	20.
Nostradamus	14.
Omri	2.
Origines	22. 85.
Peerdemann, Ida	28.
Pfarrer von Ars	23. 50. 76.
Pio, Pater	11. 42. 89. 90.
Ryden, Vassula	18.
Salomo	2. 7.

NAMENSREGISTER

Samuel	78. 91.
Saul	78. 91.
Simma, Maria	91.
Simri	2.
Simson	2.
Spee, Friedrich	57.
Steiner, Rudolf	70.
Therese v. Konnersreuth	89. 90.
Therese von Lisieux	89.
Thomas von Aquin	57.
Zwingli	33. 56.

SACHREGISTER

Ablass	30. 56.
Anglikaner	31. 64.
Anthroposophie	70.
Apokryph	1. 7.
Astralwanderung	47. 72. 74.
Avignonisches Exil	53.
Banneux	43.
Bar Mizwah	35.
Benediktuskreuz	50.
Bhagavadgita	10.
Bodhisattva	10. 45. 48.
Buddhismus	10. 22. 31. 48. 58.
Chakra	71.
Channeling	47.
Charismatische Erneuerung	38. 41. 72. 88. 96.
Chrisam	35.
Christophorusplakette	50.
Cluny	58.
Craheim	62.
Derwisch	58. 84.
Dogma	28. 55.
Drei Könige	7.
En-Dor	78. 91.
Esoterik	5. 22. 78. 87.
Essener	8.
Fatima	12. 17. 23. 43.
Fegefeuer	23. 30.

SACHREGISTER

Fokolare	41.
Freikirchen	51.
Freimaurer	20. 40. 68. 95.
Geschwister Jesu	6.
Gesundbeter	80.
Gleichberechtigung	97.
Glossolalie	88.
Gnosis	7. 15.
Gotteserfahrung	24.
Guadalupe	11.
Hare Krishna	67.
Heroldsbach	17.
Hinduismus	10. 22. 48.
Hölle	99.
Homöopathie	74. 82.
Inspiration	24.
Islam	25. 45.
Japa-mala	45.
Kabbala	79.
Kana	4. 27.
Karma	22. 79.
Katharer	57.
Kirlian	72.
Koinobiten	58.
Konsubstantiation	33.
Koran	10.
Kreuzzüge	25.
Krishna	10.
Kurie	54.
Lepanto	45.
Logos	6.
Lourdes	12. 17. 43.
Mantra	45.
Marabu	48.
Maracaibo	12. 40.
Marienfried	17.
Marpingen	17f.
Medjugorje	12. 17f. 40. 43.
Monismus	15.
Monotheismus	21.
Montessori	70.
Mormonen	65. 67.
Mun-Sekte	65.
Mystik	96.

SACHREGISTER

New Age	20.
Nizäa	51.
Noviziat	59.
Orthodoxie	40.
Osterfesttermin	51.
Pathimokkha	31. 36.
Patripassianer	15.
Pentateuch	9. 10.
Pisa	53.
Profess	59.
Pseudoepigraph	7.
Qumran	1. 8.
Radiästhesie	81.
Rechtfertigung	29.
Reinkarnation	5. 22. 72. 87.
Rota	54.
Sabbat	39.
Sakramentalien ·	50.
Santiago de Compostella	43.
Schönstatt	41.
Schio	12. 43.
Schiwa	10.
Schuld	98.
Schweizergarde	54.
Scientology	65. 77ff.
Septuaginta	9.
Stigmata	89. 90.
Sprachengebet	41.
Sybillinische Weissagungen	13.
Taizé	41. 62.
Talmud	10.
Templer	57.
Thora	9. 10.
Toronto-Segen	96.
Trance	83.
Tripitaka	10.
Vaterunser	27.
Vatikanum	40. 55.
Vulgata	9.
Waldenser	57.
Wallfahrt	39. 43.
Wodu	78.
Yogi	48.
Zeugen Jehovas	5. 65.